火災で正殿など主要な建物が焼失した首里城＝2019年11月28日

守禮之邦

焼けた首里城を朝日が照らす＝ 2019 年 12 月 24 日午前 7 時 25 分

城壁と緑に囲まれ、首里城の再建が進む＝ 2021 年 5 月 17 日午前

まえがき

沖縄が琉球王国だったころの政治・経済・文化の拠点であり、１９９２年に復元された首里城の主要な建物が、２０１９年10月31日、火災で焼失しました。

周辺に駆けつけた人々は、暗闇の中、炎に包まれて崩れ落ちる正殿を見て言葉を失い、大龍柱を残してがれきが積まれた御庭《うなー》を見て涙しました。火災当日から再建を願って支援金が集まり、県に寄せられた支援金は2年近くたった21年9月30日現在、53億円を超えています。

首里城の主要な建物が失われたことが、なぜここまで人々の心を動かしたのでしょうか。

それは首里城が復元された１９９２年以降の沖縄の歩みと無縁ではないでしょう。沖縄出身の芸能人やスポーツ選手が活躍し、95年の米兵暴行事件以降、政治的な自立志向が高まりました。

そこに首里城は、琉球という独立国の歴史を体現する象徴としてあり続け、自立する沖縄の理想像が重ねられていきました。

92年に復帰20年の「記念品」として現れた首里城に違和感を覚えたという人に聞いても、

焼失後に心が動いたという感想がほとんどでした。その後、県主体で再建するべきだとか、所有権移転を求める声が上がったのは、首里城は沖縄のものだという意識が芽生えたからではないでしょうか。旧日本軍の第32軍司令部壕の保存・公開要請や、大龍柱の向きに関する議論まで、人々は自分とつながるものとして首里城を語り始めたのです。

建物は燃えてしまいましたが、復元するために琉球処分と沖縄戦という2度の大きな断絶を越えて集められ、分析され、実践された膨大な記録と記憶は残っています。これを引き継ぐのは建物ではなく、人です。

この本は、人々の思いの数々を点描し、首里城がどのように「象徴」になっていったのかを考えようと、「沖縄タイムス」に20年1月から12月の間に連載した記事をまとめたものです。取材にはたくさんの方々が応じてくださいました。この場で感謝を申し上げます。

ひとくくりにできない、豊かな「象徴」の姿を感じ取って頂けると幸いです。

2026年の再建に向け、きょうも首里城につち音が響いています。

2021年10月31日　沖縄タイムス首里城取材班

年齢や肩書きは掲載当時のままとした。

目次

第2部　戦をくぐって

第3部　地方からの遠望

第4部　1年後の1歩

首里城　象徴になるまで

沖縄タイムス首里城取材班

第1部　御城《うぐしく》かいわい

1　辺戸のお水取り

「国が建てただけなら、城はハコモノにすぎない。器を満たす人々の営みがなければ、沖縄の姿は映せない」。沖縄都市モノレール首里駅そばで観光案内所を営んでいる山城岩夫さん（66）は言い切った。沖縄戦に遭い、焼失した首里城を復元しよう―と、日本復帰した翌73年から市民運動を盛り上げた首里城復元期成会（2009年解散）で、最後の事務局長を務めた経験がある。

1988年、働いていた東京から戻り、国営沖縄記念公園事務所首里出張所で首里城の御《う》庭《なー》復元などに携わった。「城を満たす人々の営み」の一つとして、沖縄戦前に途絶えた故郷・国頭村辺戸の「お水取り」を98年に再開させた一人でもある。

那覇から約90キロ、本島最北端の辺戸のお水取りの源流は琉球王国時代に見て取れる。集

佐久眞カツエさん（右）から、あやかりの水を受けるお水取り再開の仕掛け人の山城岩夫さん（中央）。浦添市の沢岻樋川の水と一緒に奉納された＝2019年12月22日、国頭村辺戸

落には安須森《あすむい》（標高２４８メートル）と呼ばれる山がそびえる。王国初の歴史書・中山世鑑（１６５０年）によるとアマミキョ神が一番に造った聖地「御獄《うたき》」。山裾を流れる大川《うっかー》の水を５、12月にくみ、王府の役人が首里に運んだ。

水は元日に献上され、国王らの額になでつけて長寿を願う若水とされた。１８７９年に首里城が明治政府に明け渡された後は、役人の代わりに辺戸の人が沖縄の尚家本邸となった中城御殿《なかぐすくうどぅん》に届けた。アジア・太平洋戦争中の１９４３年ごろまで続いた。

辺戸のお水取りは、首里城火災から２カ月近くが過ぎた２０１９年12月22日午前にも営まれた。集落外れの照葉樹林の木漏れ日の中で女性が祈り、クバの葉のひしゃくで、せせらぎの水を甕《かめ》に注ぐ。地元の有志5人ほどの、普段着で静かな祈り。午後、城のある那覇市首里当蔵町の円覚寺跡に運び、奉納した。

参列した辺戸区長の平良太さん（60）も、火災を悲しんでいた。発生日の早朝、燃える正殿をテレビで見た。頭をよぎったのは、日航機墜落の御巣鷹山や東日本大震災といった災害。2013年に帰郷するまで、自衛官として働いていた頃に派遣された現場を思わせた惨禍に「お水取りはできない」と一度は諦めかけた。

火災から数日後、有志で話し合って「こんな時だからこそ、心を痛めている人たちの平穏と首里城再建を祈りたい」とまとまった。今回、初めて水を取った佐久眞カツエさん（64）も同じ。思いの奥に、家族の歴史があった。

◇　◇　◇

「優しかった母たちのことを思いながら祈った」という佐久眞さんにとって、お水取りは家族の歴史そのものだと言える。

辺戸の佐久眞家は琉球・沖縄の歴史とゆかりが深い。国頭村史によると、舜天《しゅんてん》王統最後の王とされる義本《ぎほん》（１２０６～没年不明、在位49～59年）が退位後に身を寄せたという旧家だ。カツエさんの祖父、故順吉さんは当主として辺戸の大川から約2リットル入る甕《かめ》に水をくみ、つえに提げて首里まで届けた。王国時代の役人代わりを20～60歳代前後の１９４３年ごろまで続けた。バス開通前は辺戸から名護まで歩き、ポンポン船に乗り換えて片道４、５日。お土産のタンナファクルーなどのお菓子が子どもたちの楽しみだった。

母の故富子さん（１９２３～２０１３年）は7人の子育てや畑仕事にいそしみながら朝晩、義本王の位牌《いはい》のある神家《かみや》を整え、月2回は一日仕事で王の墓を清めた。静かな暮らしと祈りは一体だった。

だから、首里城復元を縁に１９９８年から再開し、イベント性の強まった華やかなお水取りとは距離を置いていた。約50人の集落に、２００人以上が見物に詰め掛けた神衣装姿の行列に加わったのは1、2度だけという。

お水取り再開後の20年間、辺戸の人々は訪問客らの食事、芸能などの舞台の設営、お水取りの場・大川まで数百メートル続く山道の草刈りなどを2週間がかりで準備した。一時は高齢化率60％を超えた集落に疲れが蓄積し、２０１８年の総会で集落の行事としては続けないと決めた。首里からの参加者派遣も終わった。

それでも今回、カツエさんは有志と共に首里城の再建を祈った。「首里城があるからこそお水取りの伝統があり、再開でき、家族の思いを継げた」と思うからだ。区長の平良さんは首里城火災で「何が大切か考えさせられた。無理なく続けたい」と話していた。

◇　◇　◇

首里城が建つ那覇市首里当蔵町。当蔵町自治会（19年８月現在２３９世帯）は07年、首里城復元期成会（09年解散）から首里城に水を奉納する行列の主催を引き継いだ。役人や女官姿の行列、衣装の着付け、交通整理などに計１３０人ほどが携わる。18年に女官役の一人を務めた入部いずみさん（40）は静けさの中、祈りの歌「クェーナ」が響く神秘的な体験に「子どもたちにも参加してほしい。歴史や文化を体で覚える」と感じた。

今回は首里城火災を悼んで行列を控え、地元の円覚寺跡での奉納にとどめた。ただ例年、クリスマスに子どもたちの冬休み入りと家庭が慌ただしい師走に風物詩を支える苦労は辺戸集落と似る。当蔵町自治会には、近隣の自治会と一緒に営めないかと考える人もいる。

首里城を起点に、伝統を捉え直し、平穏を願う思いのこもる水。首里城公園の一角にある首《す》里《い》杜《むい》館《かん》１階で正月の間、展示される。

2　新春の宴

火災後初めての元旦を迎えた首里城公園。新年を祝う儀式「朝拝御規式《ちょうはいおきしき》」の再現が見送られたささやかな「新春の宴《うたげ》」を楽しもうと、多くの人が訪れた。黒焦げの屋根に立ち入りを規制する柵。傷跡もあらわな奉神門《ほうしんもん》前の広場、下之御庭にドラの音が響き、琉球の国王と王妃役が登場した。

琉球の宮廷音楽「御座楽《うざがく》」が流れる中、赤地に金の模様が輝く唐衣装を着た2人が歩く。その所作を、着付け担当の照屋幸子さん（81）＝首里金城町＝が厳しく点検していた。「もっとゆっくり歩かないと、衣装に見合う威厳が示せない」。1992年の開園以来27年間、琉球王国の光景を再現するイベントで、出演者の装いと立ち居振る舞いを決めてきた誇りがにじんだ。

◇　◇　◇

「新春の宴」の中心となる朝拝御規式では、国王は唐衣装で拝み、その後着替えると資料

真剣なまなざしで王妃役を着付ける照屋幸子さん＝2019年12月27日、那覇市の首里城公園管理センター

に記されている。95年に初めて再現された時は唐衣装がなく、国王と王妃役は琉装で臨んだ。

首里城公園は建物同様、歴史イベントもより王国時代に近づけることを目指し、唐衣装を復元した。しかし実際着せるとなると、和装や琉装の幅広い知識を持ち、首里城のイベントを熟知した照屋さんの経験が必要だった。

首里城での着付けを「天職」と話す。69年、復帰前の沖縄から夫の転勤で東京へ。「ヘビを殺せるんでしょう?」「靴履いてるのね」。悔しさと「誰よりもきれいに着たい」という思いを力に和装学校での評価を高めていった。「自分は劣っていない。沖縄と本土は対等なんだ」と気付いた。沖縄に帰ってからは指導者として、着付けの全国コンクールで2度日本一を輩出して評価を高め、首里城開園直前に白羽の矢が立った。

唐衣装の独特な形の組みひもは、ただ腰に締めるだけでは御後絵（王の肖像画）通りにならない。絵を虫眼鏡でのぞいたり、ほどけたひもを組み直したりしながら締め方を決めた。王妃は、幅が和服の倍ほどもある服を帯を使わずどう優雅に着せるか。夜遅くまでマネキンと向き合い、平安時代の和装の知識を引き出して模索した。２０００年の朝拝御規式。正装の国王と王妃役がそろい踏みした。

「琉球王朝絵巻行列」など出演者が２００人規模の行事となると、50人のスタッフを統率する。妥協を許さず、めったに「合格」は出さない。だがある年の祭祀《さいし》「百人御物参《ももそおものまいり》」の再現で、黒い着物に赤いハチマチ（冠）、赤い帯を締めた役人役が正殿に向かい並んだ後ろ姿に息をのんだ。「琉球の装いは私たちの誇り。この仕事で首里城を守りたい」。新年に誓った。

◇　◇　◇

朝拝御規式をよみがえらせる手掛かりは、１９９０年に浦添市立図書館が宜野湾市の古書店から入手した古文書「琉球国王家年中行事正月式之内」だった。

「午前9～10時頃、国王に（中国から下賜された）唐衣装を着付けることを申し上げ、奥御書院（控え室）へ参る」「国王が御差床《うさすか》（玉座）に座りお酒を召し上がった後、皆に振る舞われ大通り（オトーリ）が始まる」

「琉球国王家年中行事正月式之内」には、王国時代の元日に首里城内で行われた「朝拝御規式」に参列した国王や役人が何時に、どこで何をしたかなどが詳しく書かれていた。当時、同館の嘱託だった豊見山和行琉球大学教授（63）が崩し字を活字にして発表、1796年ごろ作成された文書と推定した。

この資料があれば、今はまっさらな空間にいつか往時の営みがよみがえる――。首里城公園を管理・運営する海洋博覧会記念公園管理財団（現沖縄美ら島財団）の元学芸員、町ゆかりさん（52）＝鹿児島県奄美市＝は、胸を熱くした。

1992年に開園すると、琉球王国の文化に触れようと観光客が詰め掛けた。彼らが記念撮影をしていく正殿前の御庭《うなー》では王国時代、だれが何をしていたのか。立体的に見せるために朝拝御規式の再現が目指された。町さんは「正月式之内」を分析し、中国に行って故宮の正月行事を調査するなど、基礎資料を作った。

95年の元日。町さんは国王役が北殿に向かって拝む姿を間近で見て感じた。「魂が入った。首里城が生きている」。

元日の「新春の宴」で王と王妃役の登場を知らせる「路次楽」を演奏する胡城泰一さん（中央）＝ 2020 年１月１日、那覇市・首里城公園

◇　　◇　　◇

初回は無音だった朝拝御規式に96年から「御座楽」の演奏が加わった。首里城の儀礼で演奏される室内楽とされるが、楽曲は残っておらず、複数の研究団体がそれぞれ楽器や曲を解釈して演奏している。

２０２０年の新春の宴では、奉神門向かいの建物、系図座・用物座に御座楽の舞台が置かれた。93年から演奏に当たっている「王府御座楽研究会」代表の胡城泰一さん（69）＝中城村＝は焼け跡を見ながら演奏するのがつらく、何度も視線を落とした。

琉球古典音楽の奏者でもある胡城さんは三線のルーツを訪ね、中国に足掛け３年通って弦楽器の二胡を習得。演奏する楽しみを、首里城で味わっていた。火災後、もうできないかもしれないと落ち込んだ気持ちを、新春の宴で取り直した。

　琉球処分で途絶えた御座楽を現代に復活しようと、多くの人がイメージを膨らませてきた。その営みを、火災とともに消してはいけない。「これまでも手探りだった。まだこれから」。研究を続け、次世代につなげようと決意した。

３　組踊３００年

　２０１９年10月31日の首里城火災から数日後。南西に約５キロ離れた那覇市小禄で、国重要無形文化財「組踊」伝承者の一人、立方《たちかた》（役者）の宮城茂雄さん（38）は長さ５、６センチの木の炭が家の屋上に降っているのに気付いた。火災現場から風で飛ばされてきたのだ。年明け、まだ残っていた一片を和紙に載せて「首里城のものだと思うと、処分するのは心苦しい」と沖縄の芸能を育んだ城の歴史をかみしめた。

　１７１９年、正殿前の広場「御庭」で、国王の即位を認める中国の使者「冊封使《さっぽうし》」をもてなした時に組踊が初めて演じられた。士族が担った宮廷芸能が今に続いているのは「身分制

組踊初演から300年の節目の2019年、「忠臣身替の巻」で玉村の若按司を演じた宮城茂雄さん＝同年5月15日、浦添市・国立劇場おきなわ

を超えて人々が愛したから」と宮城さんは考える。「好きだったから気負いなく」と本人が歩んだ芸の道とも重なって見える。

那覇市の共働きの両親の下に生まれ、祖父母の家で過ごした時間が長い。幼い頃はラジオから流れる沖縄民謡で踊り、3歳の誕生日に祖父から小ぶりな三線を贈られた。幼稚園で琉球舞踊、中学で伝統組踊保存会の研修を始め、高校は「芸能漬け」。組踊の台本や、せりふの礎となる琉歌を読み込もうと沖縄国際大・大学院で琉球文学を学んだ。

2006年の卒業直後から1年間は、京都で能楽を教わった。ヤマトの芸能もたしなんだ組踊の創始者・玉城朝薫（1684〜1734年）ら先人の足跡をたどるような日々。享保年間（１７１６～36年）に作られたという能面に「朝薫も見たかもしれない」とドラマを感じた。踊りの扇子１本から三線、衣装の紅型といった伝統工芸に興味が及び「職人さんが好き。一人ではなく、皆で舞台をつくる」と視野を広げた。

一連の組踊３００年記念公演で昨年５月、国立劇場おきなわ（浦添市）の「忠臣身替《ちゅうしんみがわり》の巻《まき》」にも出た。20～80代の立方17人の舞台で「先生方が戦前の踊りを見聞きし、体得した粋を受け取り、僕らも誰かに渡していく」と感慨を深め、同11月の首里城公演に臨むはずが、火災で中止となった。

共演者の中で、最年長は島袋本流紫の会宗家の島袋光晴さん（85）＝豊見城市上田。戦後の芸能復興に尽くした父・光裕さん（１８９３～１９８７年）は今、首里城の見える高台の墓地に眠る。

◇　◇　◇

戦後、沖縄の芸能復興に尽くした実演家の一人、島袋光裕さんの墓は、首里城の見える那覇市識名の高台にある。本人が「（没後も）いつでも首里城を拝める」と場所を探した。

首里城に思い入れが深かった。１９７９年に85歳まで琉球舞踊の公演に立つ一方、芝居役者として最後の出演作に74年、81歳で史劇「首里城明渡《あけわた》し」を選んだ。琉球処分を描く内容で19代国王・尚泰の役だった。

自伝「石扇《せきせん》回想録」によると東京の早稲田大学に通い、能や歌舞伎、現代劇などに親しんだ。劇場や劇団の林立した故郷に戻り、芸能担当の新聞記者などを経て19年に「球陽座」入り。演劇改革を志し、後に仲間と劇団を旗揚げした。

沖縄戦で焼失した守礼門を復元する時、上に載せる瓦の裏に工事費を寄付した人々の名前を筆書きする島袋光裕さん（中央）。１９２３年に謝花雲石に師事し「石扇」の雅号を持つ書家でもあった＝１９５８年８月

客の不入りが続いた時、「本当に芝居をやろうと思うなら、組踊の全部のせりふを覚えなさい」という先輩の言葉が心に浮かんだ。8・8・8・6音の琉歌を基本としたせりふ、琉球舞踊、古典音楽が調和する総合芸術・組踊を思い「沖縄の人が歌劇を好むのは玉城朝薫《たまぐすくちょうくん》（組踊創始者）時代からの伝統

かもしれない。この心がわからずして沖縄で芝居ができるはずがない」と振り返っている。

組踊などの宮廷芸能「御冠船踊《うかんしんおどり》」の流れをくむ舞踊家・玉城盛重（１８６８～１９４５年）に師事し始めたのと前後して30年、「首里城明渡し」初演のキャストになった。劇は、尚泰が「先祖代々に伝わる首里城も、私の世になって失うのか」と嘆き、幕が下りる。そんな心境に、光裕さんの息子である島袋光晴さんはいた。琉球舞踊の「島袋本流紫の会」宗家だ。

組踊上演３００年の２０１９年11月、首里城正殿前の広場「御庭」で記念公演に出るはずだった。父・光裕さんの33回忌の年でもあった。記念公演は直前の首里城火災で中止に。若い実演家から「節目の年に初演と同じ御庭で演じることに意義がある」「稽古を重ね、再建を待ちたい」という声もあった。

戦後、11歳で初舞台を踏んだ島袋光晴さん。父と一緒に組踊「執心鐘入」に出た＝２０２０年１月16日、那覇市久茂地

年が明け、御庭ではなく首里城公園芝生広場で２月に代替公演をすると決まった。光晴さんは「城内なら同じ。不器用でも体が動く間に、ぜひ」と話す。「心の行き場」の再建と、舞台の出番を切望した。

4　二つの古式行列

首里城かいわいに、琉球王国の華やかさを再現する古式行列が二つある。ともに国王と王妃役が一度に出演する秋の風物詩だ。

その一つ、毎年11月3日の「琉球王朝祭り首里」に2人が初めて登場したのは2007年。主催する首里振興会の事務局長、嘉陽田詮さん（68）＝那覇市首里平良町＝は「最初は、お年寄りから相当におしかりを頂いた。歴史上、2人が一緒に城外に出たのは一度きりで、琉球処分で首里城を明け渡した時という。まだ生々しい痛みの記憶があることを改めて感じた」と振り返る。

祭りは地域ぐるみの文化祭の意味合いを持つ。1960年に始まり、78年に古式行列を加えた。衣装や小道具は舞踊家の故・阿波連本啓さんを中心に作り込んだ。戦前の県立第一中学校（現首里高校）が、尚家本邸となった中城御殿から衣装を借り、行列を営んだ時の写真などを基にした。

華やかさの裏に苦労と思い入れがあるからこそ、国王と王妃役が一緒に出た時は苦情だけでなく、年配の人々が喜ぶ涙も呼んだ。今も登場が続く理由だ。

　もう一つの行列として92年11月、首里城復元・公開に伴って始まった「琉球王朝絵巻」の沿道にも、２人のそろい踏みによるうれし涙が見られた。運営事務局を担った仲本博律さん(63)＝首里汀良町＝は「思わずもらい泣きした」と振り返る。

国王と王妃役が登場し、琉球王国の華やかさを伝える琉球王朝絵巻。首里城復元とともにスタートした再現イベントの先駆けでもある＝２０１９年10月、那覇市・国際通り

　仲本さんは当時、海洋博覧会記念公園管理財団(現沖縄美ら島財団)の職員で、管理・運営に携わった首里城を「国が建てただけで中身がない箱物」とする冷めた声も聞いていた。だから、行列の時代考証をした琉球史の専門家たちに「沖縄に、世界に誇れる国があったと伝える城にしたい。人々の気持ちをたぐり寄せ、魂を込めるイベントが必要になる」と訴え、王国時代をすぐに連想できる国王・王妃役の出演に理解を得

た。

史料を基に、中国の使者らの衣装は中国福建省で作られた。琉球王国の王妃や高官役の分は国重要無形文化財「首里の織物」保持者（人間国宝）の宮平初子さん（97）、県無形文化財「本場首里の織物」保持者の故ルバース・ミヤヒラ吟子さんの親子が織った。

史実を基に、演出も加えた二つの行列。今も人々が沖縄の歴史に思いをはせる一助となっている。

5　コレクター

「福」の一字が、力強く踊る。「首里城の再建元年を、いい年に」と掛け軸を広げ、那覇市牧志の古美術商「なるみ堂」の翁長良明さん（71）が笑った。左隅に名前がある達筆の第18代琉球国王・尚育（1813～47年）による直筆の書は県内に数点だけとされ、一部は首里城火災で失われた。

約65年間、王国時代～現在の「うちなーむん」を中心に、数十万点を集めてきた。絵画や漆器、陶器はもちろん、新聞、切手、マッチ箱、黒糖の袋といった庶民の品まで。県内外の展示会にも貸し出し、「１番いいものだけではなく2、３番手も持てば時代が見える。今はつまらなく思えるものも50年後、百年後には世相を物語り始める」という。

　コレクター人生の出発点は、沖縄戦で焼かれた首里城跡だった。近所におばが住んでいて、首里平良町で生まれ育った翁長さんにとっては遊び場。１９５０年、城跡に琉球大学ができた後、６、７歳の時に、地面から顔をのぞかせていた穴あきの丸いものを拾った。「宝物だ」。古銭との出合いだ。帰り道に水を飲みに寄っていた首里博物館で見ていたから、すぐ分かった。探して集め、中学を出て料理人になると買い求めるようにもなった。

尚育王の署名がある書を広げ、「首里城の再建元年。福を呼び込みたい」と笑う翁長良明さん＝2020年1月18日、那覇市牧志

　城のかいわいで過ごす時間は続いた。70～２００７年、お膝元の首里当蔵町で弁当店を営み、復元を見守った。酒もタバコもやらずに働き、収集を続けて１９８８年、地誌「琉球国由来記」(１７１３年)

にある幻の貨幣「中山通宝」を手に入れた。全国で10点あるうち、沖縄分は全て手元にある。

県外から再三、譲ってほしいと頼まれた。「自分のものではなく、沖縄から預かっている感覚。沖縄に残したい」と断る。海洋博覧会ブームのころ、県外に流出し続けた陶器をふるさとにとどめたいと、収集の手を広げた時と同じ思いがある。

琉球王国の産物は「沖縄のコレクターの最終目標で、最難関」と語る。身近な首里城が火災に遭い、さらに収蔵品１５２４点のうち３９５点が失われた。「泣いた。父親、母親が亡くなった時と合わせて、３度目」と、ため息をつく。

火災翌日には、城を管理する沖縄美ら島財団に出入りする知人に電話していた。収蔵品が気掛かりで仕方なかった。

６　文化財救出

首里城火災から2日後の２０１９年11月2日。首里城公園を管理・運営する沖縄美ら島財団の学芸員、幸喜淳さん（45）は正殿に隣接する寄満《ゆいんち》収蔵庫の前にいた。金属製の防火戸は変形し、鍵穴が溶け、長時間猛火に包まれたことを物語っていた。消防士がちょうつがいを

「資料が無事であるよう祈った」。京の内の高台で、収蔵庫の方向を指さし回想する幸喜淳さん＝ 2020 年 1 月 14 日、那覇市

切り離し、幸喜さんが収蔵庫の扉に鍵を差し込んで回すと、かちっと音が鳴った。「無事かもしれない」。一瞬抱いた期待は、中に入った瞬間に消えた。

異常な熱さだった。収蔵品の多くは熱に弱い漆器。急いで運び出した。

その夜、幸喜さんは県立博物館・美術館でそれまで見たこともない状態の漆器と対面した。包み紙が張り付いて剥がせない。木地が変形し表面に亀裂が入ったものもあった。

首里城に収蔵されていた琉球王国の美術工芸品は、皮肉にも沖縄を離れたことで戦禍を逃れた。「関東大震災を乗り越えた物もある。ようやく帰ったのに」。胸がえぐられるようだった。

大学院修了後に勤めた県文化財課で、芭蕉布の平良敏子さん（99）の重要無形文化財保持者（人間国宝）認定に立ち会った。琉球王国の崩壊や沖縄戦で断たれそうになりながらも、伝統の技をつなげてきた職人への敬意が芽生えた。

財団に採用され、06年から巨大な琉球漆器といわれる正殿の塗り直し事業に取り組んだ。高さ約18メートルの建物に漆を塗るのは初めての職人がほとんどだった。漆の状態は日差しや湿度に左右されやすい。屋外での作業に挑戦と失敗を繰り返しながら、経験を積む職人たちを見てきた。

18年に再び鮮やかな姿になった正殿は焼失してしまった。収蔵庫に入りきれなかった資料の保管場所が最適だったかどうか、省みて苦しいこともある。

しかし目の前には、修復を待つ資料があり、次の仕事に備える漆塗り職人たちがいる。「首里城の資料には琉球の歴史が詰まっている。後世に残さないといけない」。再建された首里城に再び琉球の技を展示する未来を描く。

◇　　◇　　◇

首里城火災の日、各市町村の学芸員たちは「博物館における防災管理」と題した研修会に参加していた。

「首里城の文化財を救わなければ。皆が思った」。那覇市おもろまちの県立博物館・美術館で働く学芸員、與那嶺一子さん（61）は首里城火災が起きた日を振り返る。炎が鎮まり切らない午前中に、同館で県博物館協会の研修が始まった。テーマは博物館の防災管理。出席した学芸員ら約70人の一人として「あんなに身に染みた研修は、ない」という。

個人的にも身近な城だった。琉球大学が城跡にあった頃の最後の卒業生。そばにあった県立博物館に25歳から勤め始めた。首里城について長年、復元に携わる同僚たちを見てきて「不適切かもしれないが、（先祖を拝んで線香を焚く）香炉と同じ。器だけでなく、思いの込もった灰が積もって初めて香炉と呼べる」と感じている。

火災後は、傷んで博物館に運び込まれた城の収蔵品の修復などを話し合う専門家委員会のメンバーに。「収蔵庫の真ん中か、隅にあったかなどでダメージが異なる。分析すれば保管や防火態勢を見直せると思う」と考える。

火災を機に、漆器や織物など琉球王国の華やかな遺産が再注目されている。源泉となる富は、地方から吸い上げられた。そんな王国と地方の関わり合いを示す文化財が、戦前の首里

琉球王国時代の絵画「白澤之図（はくたくのず）」（手前）など首里城火災で焼失を免れた収蔵品＝２０１９年12月６日、那覇市の県立博物館・美術館

城で展示されたことがある。

北殿にあった沖縄郷土博物館に、王国から各地の女性神官・ノロに宛てた辞令書が集められた。初代館長の島袋源一郎（１８８５〜１９４２年）が故郷の今帰仁などで借りた地方発の資料で、祭祀《さいし》を通して権力を握った王国の姿を見せた。

島袋の、おいっ子に当たる仲原弘哲さん（69）＝今帰仁村＝は「王国文化は素晴らしい、とだけ語る展示は物足りない」と話す。首里城から離れた地方から歴史の多様性を見るからだ。長らく館長を務めた同村歴史文化センターでは地域の語り部を育てる仕掛けを考えた。一角に家々から集めた水がめ約50個を一見、無造作に並べた。持ち主だったお年寄りたちが来場客として訪れ、それぞれの家の思い出を周りに語る。

仲原さんは「首里城を再建するなら、既にイメージが固まった華やかさだけではなく、地域の苦労も含めて伝える方法を探る時だろう。そんな展示は那覇でも、どこでもできる」と、各地の博物館や資料館で働いている後進たちに語り掛けた。

7　正殿の漆塗り

「まず、漆も下地も、全て剥がした」。県無形文化財「琉球漆器」保持者の諸見由則さん(59)＝那覇市首里石嶺町＝は、2006年から続ける首里城の漆塗りを、こう振り返った。

巨大な琉球漆器と呼ばれる朱色の正殿は、1992年のオープンから強い日差しを浴びて色あせていた。さらに当初の下地が通気性を損ね、「建材の木そのものも傷めていた」という。

琉球王国時代の復元品作りで腕前を認められた諸見さん。若い職人15人を束ねて正殿塗り替えの親方に。数人で「沖縄の城は沖縄のものでできていたはず」と下地材を吟味した。木のひび割れなどの穴埋め材にデイゴの木の粉を混ぜ、下地の漆には県内の砂岩「ニービ石」を砕いて合わせた。

それぞれ何百通りも粒の大きさや混ぜ方を変え、東京文化財研究所などの助言も受けて厳選した。おかげで２０１６～18年の２度目の塗り替えは、約30工程を重ねた塗膜の表面を直すだけで大半がよくなった。

仕上げ塗りには落葉樹のアブラギリの実を搾って取る「桐油《きりあぶら》」と、朱色の顔料を使う。古文書の記録に沿うもので「毎日、家で桐油を鍋に入れて煮て、臭いで気分が悪くなった」というほど研究にのめり込んだ。同業者から「自分たちにはできなかった」と驚かれた。

那覇市首里末吉町の獅子頭に漆を塗る諸見由則さん。2006年以来、毎年のように首里城正殿や門を塗って培った技は、大きな塗り物にも生きるという＝2020年２月７日、同市首里石嶺町の工房

諸見さんは「沖縄の職人でないと、首里城は塗れない」と言い切る。高温多湿の沖縄では漆の成分と水気が反応しやすく、塗って数分後には固まり始める。本州より早い。しかも相手は、おわんなどよりもはるかに塗る面積が広い建物だ。天候を読み、

素早く美しく仕上げる技を皆で鍛え、専用の道具も作った自負がある。

首里城は焼けた。再建するときの職人に「うちなーんちゅを」と望む声がある。漆器職人の安里昌樹さん（47）＝那覇市繁多川＝は「どこの人かよりも、志と技術が大切だと思う」と話す。

ものづくりの原点に、建築会社を営んでいた父がいる。「自分が跡を継ぐのだろうな」と思っていた中学３年の時に亡くなった。会社員を経て職人として独り立ちを始めた13年、首里城を塗り直す一人に。「父親が亡くなった時と同じで、今も首里城とのつながりを感じる。再建するときにも声が掛かるよう、地に足を着けて仕事を続けたい」と技を磨いていく。

8　紅型工房の当主

鮮やかな色使いで縁起のよい模様を染めた布、紅型。琉球王国時代は首里の染め屋が生産する紅型が王族の衣装に仕立てられた。

「三宗家」と呼ばれる染め屋の一つ、城間家の16代、城間栄市さん（42）は２０１９年10月、工房がある首里にあるのが当たり前だった首里城がなくなったことに不安を覚えた。祖父の

祖父の城間栄喜さんが染めた「うちくい」（大判のふろしき）の前に立ち、技術の高さを語る城間栄市さん＝2020年2月7日、首里山川町・城間びんがた工房

栄喜さん（1908〜92年）と、父の栄順さん（85）の歩みを思い出し、当たり前に引き継がれてきたわけではない紅型の歴史を重ねた。

栄順さんから城間家の歩みを聴くようになったのは2015年に当主を引き継ぐ前。新しい紅型を発明したい、と張り切っていると、母の勝美さん（75）から「代替わりして職人が辞めるようなことがあってはならない」と戒められた。

祖父と父が大切にしてきたものを知らなくては工房を引き継げない。栄喜さんがなぜ、沖縄戦で荒廃した首里に立ち、紅型を再興しようと思ったか。貧しい暮らしをしながらも続けたのか。戦前は極貧の中で身なかった。

売りされ、年季が明けて家業に戻ると、程なく父が他界。技術を豊富に引き継ぐことはできなかった。

栄市さんは祖父が、家業を守るという責任感とともに「記憶にある工程をたぐって祈るように仕事をすると作品が生まれる。そのたびに、暗い家に光がともるような喜びを感じていたのではないか」と考えた。

食べることよりも紅型を「残す」ことを優先してきた祖父。父は受け継いだ技術を発展させ、職人の個性を大切にする工房を育て、自分につないでくれた。

栄市さんは17年から琉球王国の衣装復元に携わり、ぜいたくな材料で惜しみなく技を振るった職人の手順をたどった。琉球が政治的に苦悩しながらも、物作りを大切にしてきたのだと感じた。「工房を琉球のような豊かな物作りの場として残したい」。理想を掲げた。

首里城の火災で、祖父から父、自分につながる「紅型を残す」という目標を再確認した。この思いを多くの人に伝えたい。ＳＮＳを始め、文章をつづった。

「もっとしっかり『びんがた』をしようと思った。地味で素朴な日々にも心を込めよう、仕事に思いを込めようと、自分の中に一本の心棒が通った」

9　酒造所のある風景

「首里三箇《さんか》」と呼ばれる赤田、崎山、鳥堀の３町は泡盛とともに発展してきた集落だ。井戸が点在し、上部の角を丸くした「ボーンター積み」と呼ばれる塀が残る。蒸し米を広げて黒こうじをまぶすニクブク（むしろ）が干しやすいように加工した独特の風景だ。

瑞穂酒造社長の玉那覇美佐子さん（69）は「泡盛、みそ、しょうゆ。周囲に産業があって首里は発展した」と話す。首里は琉球石灰岩の岩盤を通った水が泥岩層の上にたまり、高台にありながら豊富に水が湧く。その水で造られた発酵食品は文化を育んだ。泡盛は琉球王府が外国の使者をもてなすための重要な品であり、輸出品でもあった。首里三箇の40軒のみ製造が許され、厳しく管理された。

王国時代の「崎山馬場」跡に面している瑞泉酒造。石積みの塀に緑とブーゲンビレアの紫が調和し、首里を散策する観光客をいざなう。「最近は造り方を見せるのも仕事」。蔵元の佐久本武さん（76）は笑う。

沖縄戦で破壊された首里城がさら地だったとき、佐久本さんの両親は泡盛造りを再開した。

首里の街とともに成長してきた酒造所の歴史を語る佐久本武さん＝2020年2月7日、首里崎山町の瑞泉酒造

「最大の顧客」だった王府を失い、泡盛は庶民の酒になっていた。

　酒造所から出る石炭の燃えかすが敷き詰められた道を、兄がしょった1升瓶を2本入れたランドセルを下から支え、商店へ売りに行った。コメが十分になく、米軍払い下げのパンやジャムなど糖分を含む物は何でも醸《かも》して酒にする時代。「黒糖や水あめが入ると、大人は酒ができると喜び、子どもたちはおこぼれにあずかれると喜んだ」

　やがて自分で瓶を持ち込んで詰めていく小売人が増え、日本復帰、首里城復元と、首里の発展とともに瑞泉酒造も成長してきた。

　幼い頃から親しんできた首里城の火事で落胆した。今は再建を機に、地域団体と首里の街づくりを話し合っている。「私も無断駐車に困る時がある。城内の再建だけでなく、地域の人が住みやすい街づくりを考えたい」と話した。

かつて首里に林立した酒造所は現在は3軒が残るのみ。瑞穂の玉那覇さんは首里城内に「銭蔵」の復元を訴える。「小さな琉球は、外交を工夫することで国として存在してきた。外交を支えた泡盛が貯蔵されていた銭蔵を多くの人に知ってもらい、沖縄の強みを確認してほしい」と願う。

10　火災後の渋滞減

首里城火災後、観光バスやレンタカーによる一帯の渋滞がほぼ消えた。守礼門の200メートル先に住んで約70年の宇久真規さん（79）＝那覇市首里池端町＝は「自分の庭のような城が焼けたのは悲しい。ただ、暮らしやすくはなった。再建するときには渋滞まで元通りにしないでほしい」と願う。

住民らによると、渋滞は週に2回ほど、朝夕約2時間ずつ。宇久さん宅の前を通る県道49号の池端交差点―首里城公園にある県営駐車場の約350メートルが特に激しく、車列が1.5

キロ以上に延びる時もあった。

宇久さんは「出掛けるときは渋滞がなくなるのを待った。２階ベランダの戸の枠は車の排ガスのすすで真っ黒」という。混雑を嫌う観光客は幅が狭い市道を抜け道にした。首里真和志町自治会の新垣誠毅会長（83）は「地元の人と違ってスピードを出す。孫と歩くときは手をつないでいないと怖い」と話す。

首里城そばで渋滞する道をぎりぎり通り抜ける救急車（手前右）＝２０１５年12月（平良斗星さん撮影）

渋滞の引き金は駐車場不足だ。首里城公園の入園者が過去最多だった２０１７年度（２８５万７３９０人）で考えると、１日８千人近い観光客の多くがバスやレンタカーで来る。一方で同公園の県営駐車場は最大でバス46台分、乗用車１１６台分。空きを待つ車が並んだ。

渋滞区間を見通せるビル２階の地元ラジオ局「エフエム那覇」の平良斗星会長（50）＝首里大中町＝は15年12月、車と車

の間をぎりぎり通る救急車を撮影した。「高齢化の進む地域で、渋滞が救命の壁になり得る」と感じた。

観光地で、暮らしの場でもある首里で生まれ育った平良さん。ＮＰＯ法人首里まちづくり研究会の副理事長で、城近くの龍潭通りの商店会事務局長を務めたこともあって「車の多さと比べ、歩いて店に立ち寄る観光客は少ない」とみる。

公共交通の利用を促す以外の渋滞対策に「県営駐車場を城から離れた県有地に移すこと」を挙げる。城への乗り継ぎには排ガスを出さない電動で、国内で既に導入例のある時速10キロ台の小型バスなどを使えば渋滞は和らぎ、町歩きにもつながる――と考える。

平良さんは「再建まで時間はある。城に車で直行直帰するのではなく、城下町を歩く観光スタイルを広げるチャンスでもある」と話していた。

11　中城御殿の復元計画

「尚家がお手伝いできることは何か」。那覇市西の造園業「桃原農園」の社長、尚厚《あつし》さん（81）は首里城再建に向けて考えてきた。最後の琉球国王・第19代尚泰の、ひ孫の一人だ。

尚家は首里城正殿が1992年に復元された後、漆芸家の故・前田孝允さん（享年83）に制作を頼んで玉座を贈った。火災で失われた今、再び贈ってもよいのでは―。そんな質問に、厚さんは「国内外から再建のための寄付がある通り、もう城は皆のもの。昔とは違う」と控えめに答えた。

一方で望んでいることもある。第22代当主・尚裕《ひろし》さん（1918～97年）が那覇市に寄贈した王冠などの国宝の置き場だ。今は那覇市歴史博物館＝同市久茂地＝にあるが「もっと沖縄の歴史を広めるために首里で役立ててほしい。長年、私財を投じるなどして宝を守り抜いた裕さまも本意だと思う」と話

戦前撮影の中城御殿の中。表座敷から中門や正門を向いた眺めで、右手に白い屋根があるのは井戸という（那覇市歴史博物館提供）

す。

NPO首里観光協会の代表、金城英輝さん(69)＝首里儀保町＝も「那覇市歴史博物館は年間来場者が2万人弱で、首里城は200万人以上。桁違いの注目度になり、城かいわいを歩く観光の後押しにもなる」と話す。収蔵先を首里城の麓の池・龍潭向かいにあった中城御殿《なかぐすくうどぅん》にするように求め、2013年には約2週間で署名2千人分を集めた。

中城御殿は元々、王の世継ぎが住み、1879年の琉球処分後は沖縄の尚家本邸となった。沖縄戦で失われ、跡地は首里城公園の県営区域に。県は2011年度に復元基本計画を立てており、復元を求める声は県の首里城再建を巡る有識者懇談会でも出た。

金城さんは03年から、仲間と共に首里の観光マップ発行を続ける。東京にいた時を除いて60年以上住んでいる故郷でも「あちこちの路地に知らない史跡があった。たどって歩くと地域が見える」と十数回の改訂を重ね、計10万部以上を配ってきた。戦前の中城御殿を知る人から「庭園には陰影が移ろい、京都のようなわびさびの世界が広がっていた」と聞き、華やかな首里城だけではない古都の風情が見えると考えた。

県による中城御殿の復元計画は、まだ実現していない。金城さんは「首里城再建と併せ、早く実現してほしい。県の主体性が問われている」とみる。

12　再建の在り方

古い地図を見ながら、街を歩く。那覇市の出版社に勤める編集者、新城和博さん（57）の習慣だ。歴史に関心を寄せ、沖縄戦に巻き込まれた学校や、地域で親しまれた雑貨店、書店などの跡をたどり、往時を思う。「首里城まで失われたのは、不思議な気がする」という。

１９９４年に結婚し、同市首里鳥堀町に住み始めた。地元の祭りのために練習する旗頭の鉦《かね》の音を訪ね、妻と２人で首里を歩いた。娘が産まれてからは３人で。道路の拡幅などで城

首里城正殿の前で、がれきの中から陶器のかけらなどを拾い集めた県立芸術大学の学生たち。2020年2月10日から復元に向けた工事が始まっている＝同22日、那覇市・首里城公園

下町の姿は変わった。それでも、いつでも家族の思い出が浮かぶように、ずっと首里城は変わらず建っていた。

だから、火災で焼けた時、「安定した風景」を失ったと感じた。思いがけないほど強い喪失感。影響力に怖さも覚えた。「よく分からない感情。僕には『首里城は沖縄の象徴』と、急いでひとくくりにすることはできない」と、火災から4カ月たっても思う。

火災をきっかけに、城を巡る多様な見方にスポットライトが当たっている。同じ琉球王国時代でみても、文化の粋、圧政の居城などと生まれ育った地域や時代を映す十人十色の意見がある。

国の「首里城復元に向けた技術検討委員会」

の委員、安里進さん（72）は「首里城の壁が赤か黒か、龍柱がどちら向きかなど、もう一度、議論したっていい。復元の意味は、さまざまな意見を交わして考えた方がいい」と話す。

自らも城への見方には変遷がある。城下町の首里池端町生まれ。１９８９年に帰郷するまで大阪で働いていて、既に進んでいた復元そのものに意味があるか懐疑的だった。転機は浦添市教育委員会に転職後の95年、玉座の上の扁額「中山世土」の時代考証に携わった時だ。

史料を読み込み、戦前の扁額を知る人に証言を聞く中で、城が沖縄の歴史を今につなぐ仕事の現場だと気付いた。「かつて自分が思っていたように支配者の城と片付けるよりも、沖縄の得るものは多い」という。

今、安里さんが考えていることの一つは、首里城地下にある旧日本軍の第32軍司令部壕の扱い。「沖縄戦で焼けた城を思えば無関係ではない。しっかりとした調査、整備が必要だと思う」と県民それぞれの議論を望んでいる。

焼け落ちた首里城正殿（中央）。手前の北殿、奥の黄金御殿や書院にも延焼し、激しく煙が上がった＝2019年10月31日午前5時58分、那覇市首里当蔵町（小型無人機で撮影）

火災後、報道関係者に初公開された首里城正殿エリア＝2019年12月17日

第2部　戦をくぐって

13　逃げ惑った天長節

「御城《うぐしく》、めーとーんさー（首里城が燃えている）」

そう言って、70歳だった祖母は泣きながら手を合わせていた。沖縄戦下の１９４５年４月初め。当時12歳の吉嶺全一さん（87）＝那覇市首里金城町＝が鮮明に覚えている姿だ。家にも城にも近い壕で、那覇沖を埋め尽くした米軍艦の砲撃、空襲から逃れていた日。攻撃が落ち着いた夜、外に出ると城から炎が渦巻いて見えた。

黒煙が南へたなびき、火の粉を降らせていた。２０１９年10月31日未明に起きた首里城火災と「風向きも、焦げた臭いも同じ光景。まさか、また見ることになるとは思わなかった」と振り返る。

2度の炎上目撃を巡る吉嶺さんの思いは、年齢を重ねた分、違いがある。75年前は「ばあ

沖縄戦で焼けた首里城一帯。手前が城壁で奥の右に円鑑池、左に龍潭が見える＝1945年ごろ撮影（那覇市歴史博物館提供）

ちゃんがなぜ泣くのか、不思議だった」。自身にとっては城というよりも、城壁の中に校舎が建っていた首里第一尋常高等小学校（1941年からは首里第一国民学校）のイメージが強かったからだ。1年生から3年生の半ばまで通い、正殿は雨の日の遊び場。どんな歴史がある建物かを学んだ覚えはなく、日常の一こまに過ぎなかった。

今は涙の理由が分かる。まだ琉球王国があった1877年に生まれた祖母。しまくとぅばだけを話し、日本語の読み書きはしなかった。家のある首里金城町は城のお膝元。国王が城外の別邸・識名園に行く道すがら、一服した建物・華茶苑などが散在する中で長年暮らした。「身近な城を誇らしく思ってい

島袋文雄さん

吉嶺全一さん

ただろう」と追憶する。

沖縄戦で、吉嶺さんは糸満市摩文仁まで逃げて米軍に収容され、米軍勤めで英語を習った。旅行会社に転職後も兵士らと付き合いが続いた。1985年に摩文仁で慰霊祭を手伝ったのを機に、戦争体験を語る平和ガイドを始めた。

元米兵らを復元後の首里城に案内すると、壮麗さに目を見張り、一人は戦時を振り返って「戦争は人を獣や怪物にする」と言ったという。吉嶺さんは「戦禍を思って、平和をかみしめる城。早く元通りになってほしい」と火災からの再建を願っていた。

◇　　◇　　◇

島袋文雄さん（90）＝那覇市前島＝も、燃える首里城を2度見た一人だった。2019年10月31日の火災では

吉嶺全一さんが一時期通った首里第一尋常高等小学校（後に国民学校）の集会。城廓の中に校舎が建ち、正殿前の広場・御庭は運動場だった（那覇市歴史博物館提供）

沖縄戦の記憶を連想させられ、「しばらくチルダイ（気落ち）した」という。

　1945年、天皇の誕生日「天長節」に当たる4月29日。前年の10・10空襲で前島の家を焼かれ、家族と浦添市沢岻にいた。艦砲射撃から隠れていた裏山の壕に砲弾が当たって崩れ、生き埋めに。はい出た後の夕方、本島中部から迫る米軍を避けて南へ逃げた。服や鍋、釜、米などをてんびん棒に提げ、まだ残っていた守礼門近くを通り掛かると、城壁の中から火の手が上がっているのが見えた。

　実際に焼けていたのは正殿か、北殿か、南殿か、城の中にあった首里第一国民学校か。現在の県文化財課でさえ、城のどの建物がいつ、どのように失われたのか正確には分かっていない。当時は、島袋さんが「逃げるのに精いっぱいだった。城を通り過ぎると、どこに逃げればいいか迷っている人々でごった返していた」と言うように、皆が混乱の中に置かれていた。

◇　◇　◇

島袋さんの生家があった那覇市前島から首里城までは直線距離で３キロ余りある。家々に車がある今と違い、遠くにあると感じた首里の県立第一中学校に入学したのは１９４４年４月。卒業生で、沖縄初の「軍神」とされた大舛松市大尉（43年没、享年25歳）に憧れ、軍人を志したからだった。

首里城などにまつわる沖縄の歴史を学び、興味を抱く時代でもなかった。懸命に覚えたのは軍人勅諭や歴代天皇の名前。当時の「模範的な軍国少年」は、１年後に戦火から逃げ惑う中で母も祖父も失うとは思ってもみなかった。

戦後は小学校教諭となり、子どもたちを約40年にわたって教え続けた。今は「とにかく平和であってほしい。この一言」と力を込めた。沖縄平和祈念像（糸満市摩文仁）の原型制作費や、「あの日」に見た守礼門復元のための寄付金集めにも努めた。郷里の復興にかけた思いが生き続けている。

14　明け渡し後

「時代も文化も違う。僕らには考えられない」。うるま市の建設会社、琉幸建設に勤める伊計安さん（54）は、首里城正殿前の大龍柱が壊され、沖縄から持ち去られかけた120年余り前の出来事を思った。

戦前の大龍柱。「平成の復元」の後よりも背が低いのが見て取れる（那覇市歴史博物館提供）

同社は1992年の正殿などの復元に際し、礎石や石彫りの欄干、大龍柱といった石材全てを施工している。約3年間、現場監督を務めた伊計さんは「職人が手掛けた文化財。慎重に慎重に据え付けた」と話す。

「平成の復元」に伴い、大龍柱を彫る職人たち。名波均さん（右）、宮城三也さん（左）、兄・將己さん、安里泉八さん、与那覇聰さんの計5人で担当した＝1990年ごろ（名波さん提供）

『甦《よみがえ》る首里城—歴史と復元』によると、大龍柱を壊したのは旧陸軍の熊本鎮台沖縄分遣隊。1879年の首里城明け渡しで琉球王国が滅びた後、1896年まで城に駐留した。引き揚げ前に「戦利品として龍柱を抜き取り、持ち去ろうとしたが上官から叱《しか》られて慌てて元に戻した」という。

当時は城のありようも変わってい た。王が君臨した正殿は兵士の寝室に、目の前の広場・御庭は敷き瓦を剥がして練兵場に、御庭に入る奉神門は軍の獄舎に。建物の壁や床が剥がされ、まきになったという証言も伝わる。荒廃の一途をたどった世替わりの中で、大龍柱の損壊も起こった。

◇　◇　◇

戦前の写真の大龍柱は背が低く、ずんどうに見える。組み直す時に高さをそろえるため、中央部が１メートルほど切り取られた。

沖縄戦による再破壊の後、「平成の復元」に伴って琉球大学名誉教授の西村貞雄さん（77）＝造形＝が、１７００年代の文献通りの高さ3メートル10センチ6ミリでスマートな石こう原型を作った。史料や破片、写真などを綿密に分析した。

原型を基に、与那国島産のニービ石（細粒砂岩）から彫り上げたのは5人の石工だった。約1年かけて原型の彫るべき深さを1万カ所以上、測ってから彫り始めている。石工の一人だった宮城三也さん（59）＝読谷村＝は「歴史の通りにすることが使命だった。一生に一度の大仕事をさせてもらった」と感謝している。

２０１９年10月31日の火災で正殿が全焼しても、すっくと立っていた大龍柱。無数にひび割れ、いつ崩れてもおかしくないという。それでも、今以上に傷まないように保護・補修されている。壊すか、大切にするかに、時流が映る。

15　正殿の女子工芸学校

首里城正殿の２階に機織り機と女の子が見える。１９２１年に大阪朝日新聞（現・朝日新聞）が撮影した写真は、首里区立女子工芸学校の機織り実習室を捉えている。教育が一般に広がる時流の中、沖縄戦までに城の建物や土地を使った学校の一つだ。

与那嶺貞さん

24年から４年間は、読谷村生まれの与那嶺貞さん（１９０９〜２００３年）の学びやだった。後の国重要無形文化財「読谷山花織」保持者（人間国宝）は、どんな学校生活を送ったか。県立芸術大学名誉教授の祝嶺恭子さん（83）＝染織＝は本人から聞いている。

緑が茂る城壁の中は、昼も薄暗い。夢

1921 年の首里城正殿。左の２階には女子学生と機織り機のような物が見える。当時、首里区立女子工芸学校（後の県立首里高等女学校）の校舎として使われており、学校の 100 周年記念誌によると、機織り実習室だった（朝日新聞社提供）

中で勉強し、下宿に帰る夕暮れ時は怖いほど。梅雨明け、城の周りの屋敷で虫干しされ、風に揺れる色とりどりの織物に憧れた…。祝嶺さんは「青春の学びが、読谷山花織の伝統をつないだ」とみる。

読谷山花織は、地色と異なる色の糸を刺しゅうのように織り込み、花に見立てた模様を浮き上がらせる織物。戦前に絶え、読谷村が芋やキビ、豚と共に特産品にしたいと考えた１９６０年代には、織ったことのある人は既に見当たらなかったという。

東京五輪の１９６４年。与那嶺さんは工芸学校卒の経歴を見込んだ村長から頼まれ、再興を試みる仲間に加わった。エイサーで青年が着るウッチャキ（袖のない羽織）などの古い品々を見て「織った人は神様かもしれない」と思った難題だった。織り方も道具も試行錯誤して同年8月、着物1着分を織り上げた。

お年寄りから「さすが学問の力だ」と感激されて間もなく、講習会で教え始めた。当時は米軍勤めの多い村。もうけにならないと言われながら後進を育て、元々の木綿糸だけでなく絹糸も使って商品価値を高めた。読谷山花織事業協同組合の前理事長、池原節子さん（70）は「『売れない工芸は廃れる。先を見越した工夫が大切』とおっしゃっていた」と与那嶺さんの言葉を覚えている。

城での学びは、ふるさとの伝統をつないだ。首里城跡などの世界遺産推薦が決まったのと同じ99年5月21日、90歳の与那嶺さんは「人間国宝」に認められることになった。

16　取り壊し中止

1924年3月25日。鹿児島新聞は「取り壊す首里城」と報じ、10日後の4月4日には「首里城正殿は保存」と一転したことを伝える。記事には、正殿は「風雨にさらされ壁も腐れ、

鎌倉芳太郎

柱もゆがんでいる」とある。国から払い下げられていた首里市が、財政難で修理費がないとして取り壊し始めていた。琉球王国がなくなって45年後の当時、政治、教育の日本化とともに、琉球離れが進んでいた。

ぎりぎり、待ったをかけた中に鎌倉芳太郎がいた。東京美術学校を出た1921年から16年間にわたって、沖縄に5度滞在・訪問し、美術や建築、歴史などの幅広い調査を続けた。紅型を研究して国重要無形文化財「型絵染」保持者（人間国宝）にもなる。

正殿解体は、東京にいて新聞で知った。既に沖縄研究を認められ、指導を仰げるようになっていた日本建築界の第一人者、東京帝国大学教授の伊東忠太から国に掛け合ってもらい、取り壊し中止命令が出た。

「正殿保存のこと　内務省より県庁へ電信あるはず　取り壊し見合わせ　ぜひ頼む」。那覇市歴史博物館にある東京尚家の日誌に、かつての王家が首里市長に送った電報の記述がある。尚家にとって鎌倉は恩人に見えたのかもしれない。沖縄で秘蔵する品々の撮影や筆写が許され、研究に弾みがついた。

当時、鎌倉は20代半ば。「柳田国男（民俗学の大家）も伊波普猷（沖縄学の創始者）も見たことのない秘密の書を読んでいる」と書いたはがきを知る名桜大学大学院教授の波照間永吉さん（69）＝琉球文学＝は、若い高揚感を読み取る。「まだ、民俗学という言葉も確立していなかった時代。新たな学問を打ち立てたい、という野心があったのだろう」とみる。

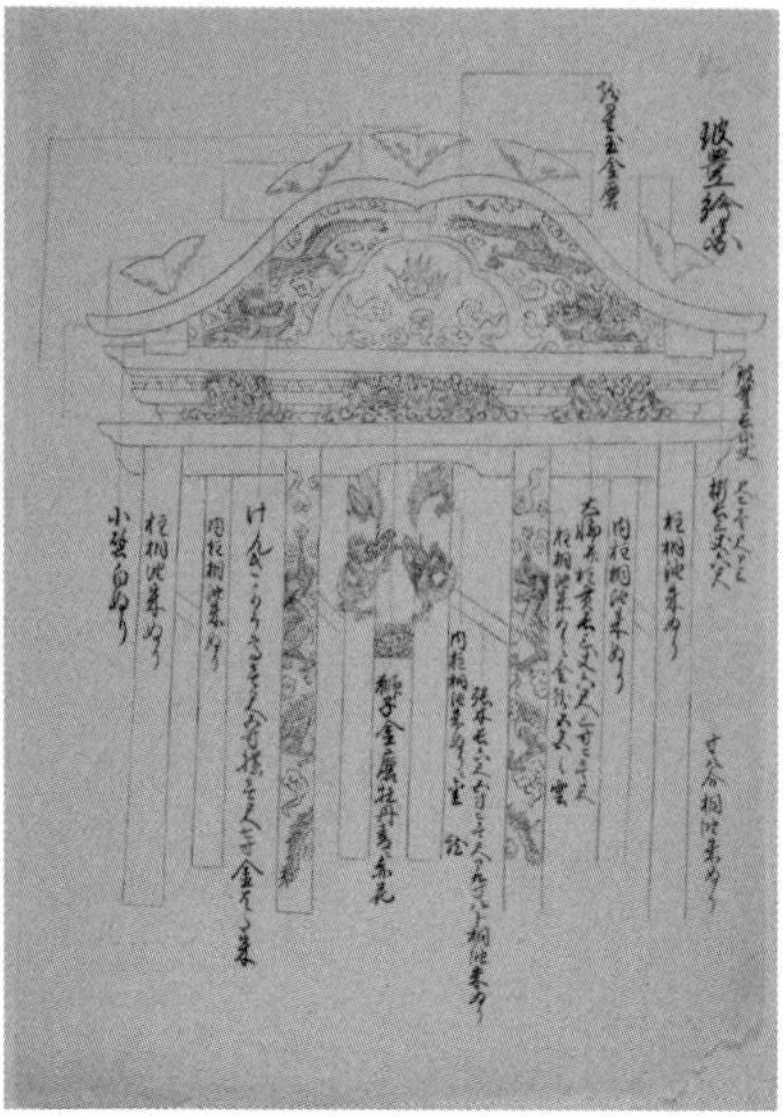
「寸法記」で、首里城正殿正面の「玻豊絵図（はふえず）」。「柱桐油朱ぬりに金龍五色之雲」など、戦前には既に色あせて分からなかったデザインや色指定が読み取れる（沖縄県立芸術大学附属図書・芸術資料館所蔵）

鎌倉の調査資料は83年の没後、７５００点以上が県立芸術大学に寄贈されている。調査ノートや撮影ガラス乾板、紙焼き写真は国重要文化財にもなった。

中でも、正殿内外のデザインや色、部材のサイズなどが細かく書いてある１７６８年の修理記録「百浦添御殿普請付御絵図并御材木寸法記」は、沖縄戦後の首里城復元に大きな役割を果たし、２０１９年10月31日に起きた首里城火災からの再建でも踏襲される。鎌倉の情熱は今に息づく。

17　沖縄神社拝殿

那覇市首里儀保町の吉田朝啓さん（88）にとって、首里城正殿は子どものころの遊び場。でも――。「そばに神社があったのは、今の今まで知らなかった」と驚く。

神社は正殿の裏手に建っていた。琉球王国時代の国王一家らの生活、儀礼の空間「御内原《おうちばら》」に当たる。「緑もハブもいっぱいで、昼も薄暗かった。静かな首里の街の中でもひときわ、ひっそりとして怖かった」。歴史の余韻が、近づき難い雰囲気を漂わせていた。

◇　◇　◇

沖縄神社は１９２３年３月に国が創建を認めている。翌24年に取り壊しを免れた正殿は、神社を拝む人々のための拝殿に。国宝となった後、33年までに修復を終えた。

神社は（１）琉球最初の王とされる舜天（２）その父とされ沖縄渡来伝説のある平安時

戦前の沖縄神社祭。母に連れられて何度か訪れた玉城盛松さん (82) によると舞台後方に北殿が写っている（那覇市歴史博物館提供）

代の武将、源為朝（3）最後の琉球国王、尚泰―らをまつった。「わが国（日本）との民族的・血縁的関係を示し（中略）国民的感情の高揚を図ろうとした」。歴史学者の鳥越憲三郎（1914～2007年）は、戦前の国家観が映り込んだ存在だとみる。

鳥越は「戦争まで参詣者をほとんど見なかった。民衆の要望に応えて創立されたのではなかったと分かるだろう」とも説く。新たな信仰よりも昔からの祈りが根強かったことは、戦前から首里金城町に住んでいる吉嶺全一さん（87）の話からも読み取れる。

吉嶺さんは1940年代初め、城の歓

会門そばで戦死者をたたえていた忠魂碑を何度も訪れた。「見た目や言葉遣いで内地の軍人だと分かる人たち」が、供え終わったお菓子や花をくれたからだ。沖縄の人々は、斜め向かいの園比屋武御嶽石門で御願を掛けていた。「2カ所の色分けがくっきり見えた」という。

時代の潮目は変わっていった。41年12月8日。首里汀良町の高良正次さん（88）は、真珠湾攻撃をラジオで聞き、当時10歳になる同級生たちと正殿で戦勝を祈願した。「時代時代で

首里城歓会門そばに残る忠魂碑＝2019年12月

城の意味合いは変わる。戦後75年の今は、王様がいた場所であることを誇り、平和を願うだけだ」と話していた。

18　留魂壕

1945年3月22日夜。首里城に隣接する沖縄師範学校男子部の寄宿舎には明かりがともり、学生たちの笑い声が響いた。年に1度の部屋替えに伴う「分散会」。そこに古堅実吉さん(90)＝元衆議院議員、当時15歳＝が、国頭村安田の実家から戻ってきた。米軍が沖縄本島に迫り、学生たちに帰校命令が下っていた。

母と幼い妹、病気で寝たきりの兄を残してきたことに後ろ髪を引かれながら、100キロの道のりを1週間かけて歩いた。帰還を喜ぶ友人たちの笑顔に孤独と緊張がほどけ、その夜は久しぶりにぐっすりと眠った。

だれも翌朝の「開戦」を予想していなかった。

23日に米軍の爆撃が始まり、学生たちは首里城の東《あがり》のアザナ北側の城壁下に掘った「留魂《りゅうこん》壕《ごう》」に逃げ込んだ。約300メートル離れた所に第32軍司令部壕があり、牛島満司令官らが入って首里城は臨戦態勢になった。

「師範学校職員生徒は第32軍司令官の命により、本日より全員鉄血勤皇隊として軍に徴された」。31日、留魂壕前で命令が下った。学生たちは軍服に着替え、情報伝達、物資運搬、攻撃のため戦場に出て行った。

古堅さんは、留魂壕から城壁沿いに迂回《うかい》して南へ行き、司令部壕の第5坑口脇にあった発電施設と金城町の井戸の間を往復し冷却水を運んだ。1日数千発という攻撃は、かつて琉球王国の中枢を守った高さ10数メートルの城壁を破壊。古堅さんは崩れた城壁を越え、首里城を横切って行くようになった。砲爆撃を避けるのに必死で、正殿がいつ消えたのか、覚えていない。

鉄血勤皇師範隊員の犠牲者は226人。首里城内で亡くなった久場良雄さんが最初だった。4月21日、砲弾を受けて顔と足の半分を失い、留魂壕内で

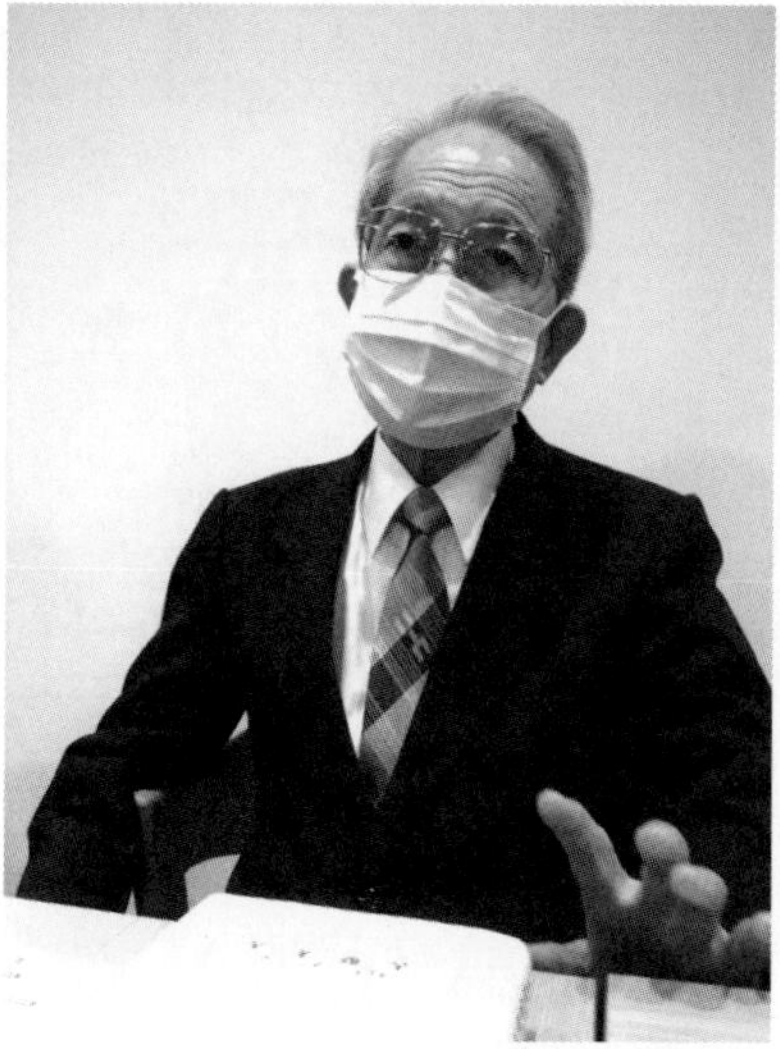

留魂壕での沖縄戦を語る古堅実吉さん＝2020年5月19日、沖縄タイムス社

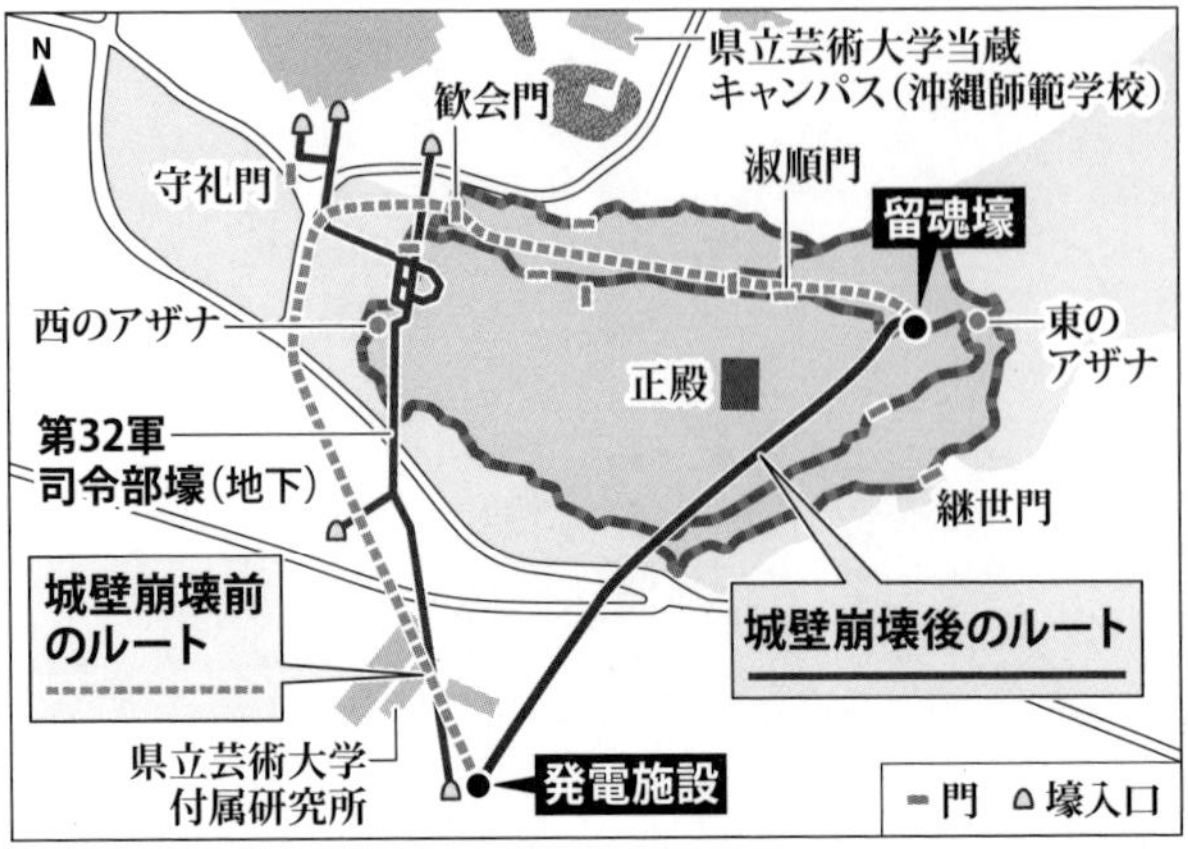

古堅実吉さんが行き来した留魂壕と発電施設を結ぶルート。城壁崩壊後はほぼ直線距離で行けるようになった。首里城から発電施設までの具体的道のりは定かではない。

苦しみ息を引き取った。古堅さんは寄宿舎の同室だった上級生の死に衝撃を受け、自らの運命に重ね、おびえた。

今、首里城公園内にある留魂壕の前には「ガマ遺構」の説明板があり、琉球王国以前から使われた洞窟だと書かれている。留魂壕については「先の大戦中に師範学校の生徒たちが掘った留魂壕がありました」とあるのみ。「地獄の戦場を若い人たちに伝える場所として整備してほしい」。戦火に消えた師範学校最後の入学生、古堅さんは願う。

19　地下の城

「築城さえ徹底すれば、アメリカ軍の物資力を無価値に近からしめ、赤裸々な人間対人間の原始的闘争を、アメリカ軍に強要することができる」。沖縄戦を指揮した第32軍の高級参謀、八原博通は手記で、首里城地下に築かれた「城」、第32軍司令部壕を中枢に据えた沖縄作戦のイメージを生々しく語る。

沖縄戦研究者の吉浜忍さん（70）＝南城市＝は「この壕で第32軍は本土決戦を遅らせる持久戦を指揮し、沖縄住民をスパイ視する規定を発し、住民を巻き込んだ南部撤退を決めた」と話す。「沖縄戦を知るのに欠かせない戦争遺跡だ」

1945年3月23日に沖縄戦が始まった直後、第32軍司令部壕付近で「スパイ」とされた住民が、軍命を受けた将兵や住民から竹やりで突かれ、虐殺される事件が起きた。八原は自らの関与を否定した上で「呪文を唱えながら、両手を大きく振り、天を仰ぎ、舞の仕草を続けて」いた「琉装の狂女」がこのスパイではないか、と記している。

事件は第5坑道の構築をしていた沖縄師範学校の鉄血勤皇隊員の間でもうわさになった。

龍潭と円鑑池の間の道沿いにある第 32 軍司令部壕の説明板。付近にあった第 1 坑口は埋まっており、確認することはできない＝ 2020 年 6 月 20 日、首里城公園

「野戦築城隊」だった濱崎清昌さん（90）＝北谷町＝はきょうは浦添、あすは豊見城と、崩壊した橋の修復のために毎日戦場を行き来した。「おれたちは朝から晩までこき使われているのにスパイなんて」。憤りとともに、気味悪く感じた。５月５日、第32軍は司令部壕の別称「天ノ巌戸《あまのいわと》戦闘司令《せんとうしれい》所《しょ》」を冠した規定を発し「沖縄語で会話する者はスパイと見なし処分する」と決めた。

第1坑道の出入り口があった付近には説明板がある。２０１２年、県の説明板設置検討委員会が「スパイ」虐殺を文案に入れて答申したが、県当局が「壕の外で起きたこと」と一方的に削除した。沖縄戦研究者の瀬戸隆博さん（52）＝西原町＝は「壕の実態を伝えることができない」と懸念する。

第32軍が組織的戦闘をやめた翌日、1945年6月24日に政府は、本土決戦時に民間人が戦闘に参加するためのマニュアルを決めた。瀬戸さんは第32軍司令部壕を「全国での戦闘準備につながったことまで広げて考えたい」と話す。首里城に来る観光客が「地下の城」まで知ることができるよう、情報発信が必要だと考えている。

◇　◇　◇

首里城地下の第32軍司令部壕は、同軍が撤退する時に爆破し、内部は崩落している。五つあったとされる出入り口で唯一、首里金城町にある第5坑口が開いているが、駐車場も通路もなく、行くことが難しい。

沖縄戦の中枢だった壕を遺跡として後世に残そうと保存・公開運動が起きたのは1992年。首里城公園が開園した年だった。市民団体が県に「文化のシンボル首里城とともに、平和のシンボルとして」保存・公開するよう要請した。当時の県知事は、第32軍司令部直属の鉄血勤皇隊員だった故大田昌秀さん。「平和の礎」などとともに壕の保存・公開を政策に入れた。

第 32 軍司令部壕保存・公開を求める会のメンバーと一緒に同壕の説明板を見る高山朝光さん（左）と瀬名波栄喜さん（右から 2 人目）＝ 2020 年 5 月 16 日、首里城公園

元名桜大学学長の瀬名波栄喜さん（91）＝那覇市＝は、琉球大学で一緒に働くなど親しかった大田さんが、同窓生たちの最期を時に怒りとともに話すのを聴いていた。95年、大田さんに頼まれ「第32軍司令部壕保存・公開検討委員会」の委員長に就任。97年に公開イメージ図まで発表したが、98年に県知事が交代して実現しなかった。

瀬名波さんには戦前の苦い思い出がある。県立農林学校の生徒だった時、日本軍の壕や陣地の構築に動員された。読谷飛行場を造るため、琉球王国時代に首里城を守った座喜味城の石垣を崩し、もっこで運び敷いた。軍国主義に染まった教科書では学ばなかった琉球の歴史を、戦後知るたびに罪悪感が募った。

昨年火災で焼失した首里城が再建するのを機に、瀬名波さんは2020年3月、「第32軍司令部壕の保存・公開を求める会」を発足した。

大田さんを知事公室長として支えた高山朝光さん（85）＝那覇市＝も会に加わる。高山さんは1945年4月、本部半島を取り囲んだ米軍の軍艦からの射撃や銃弾に追われ、山を逃げた。重なる死体、軍馬50頭が木にくくられ機関銃で次々殺される現場――。10歳の時に目撃したたくさんの死が、壕の保存・公開を求める根底にある。「聖域でもある首里城の下に遺骨が眠っている。弔うためにも整備が必要だ」と考える。

瀬名波さんは戦前の「偏った」教育を振り返り、歴史をありのまま知ることが、戦争を防ぐ力になると話す。「地上の城は平和の象徴、地下の城は戦争の象徴。第32軍司令部壕を公開すれば、平和の尊さを訴えるとりでになる」

20　住民の帰還

1946年1月。首里山川町の阿波連本昌さん（86）は、戦後身を寄せていた羽地村（現

「戦後すぐは米兵がうようよいて恐ろしかった」と龍潭周辺の思い出を語る阿波連本昌さん＝２０２０年６月９日、龍潭

名護市）から米軍のトラックに乗り、首里汀良町の高台に降りた。45年5月に米軍が迫った首里を出てから、沖縄本島南部を家族６人で逃げ延びた。学徒動員された兄は戻らぬまま、首里高校近くに建った「規格ハウス」での暮らしが始まった。

「首里城はこてんぱんにやられ、城壁は消えていた」。城壁と龍潭の間にアカギがうっそうと生い茂っていたハンタン山。燃えるものはすべて戦火で焼き尽くされたように見える中を、まきになりそうな枝を探して歩いた。通っていた城西小学校に壊れた守礼門の柱が転がっているのを見て、「これを持って帰れると楽だがな」と考えた。

米軍のジープの音が聞こえると隠れ、過ぎ去

戦前から残る自宅の石積みを指し「今では残している家も少なくなった」と話す吉田朝啓さん＝2020年6月24日、那覇市首里儀保町

ると歩き始めた。倒れた木にミミグイ（キクラゲ）を見つけるとごちそうだ。龍潭に架かっていた世持橋のたもとでは、首里高校生たちが欄干のかけらを拾っていた。

小学校の裏には、第32軍司令部壕の出入り口が開いていて、子どもたちの興味の的だった。先生の目を盗んで入ると、木箱に地図が入っているのを見つけた。紙は貴重品で、宝に見えた。地図を切り、裏をノート代わりに使った。

「石の砂漠」。沖縄戦から1年後の46年秋に疎開先の大分県から帰ってきた吉田朝啓さん（88）＝首里儀保町＝は、汀良町から眺めた首里をこう表現する。琉球の士族たちの家を高く囲んだ石垣は破壊され、白い内側をさらけ出していた。

戦前、石垣に囲まれたスージグヮー（路地）で、吉田さんはパッチー（めんこ）やこまをして遊んだ。「ふるさとそのもの」が消えた光景に、息をのんだ。

石垣の根石が目印になり、スージグヮー沿いに人々は生活を始めた。医師の吉田さんはスージグヮーを血管と神経に例える。「スージグヮーが残ったから、首里の町は生き返った」

首里の町に点在する史跡をつなぐスージグヮーを観光資源にしようと、顧問を務める首里まちづくり研究会で提言している。「正殿を拝んで帰るだけではもったいない。首里はすごい町ですよ」。ふるさとへの誇りがにじんだ。

21　焦土の文化財拾い

1946年11月、疎開先の熊本から戻ると、家に博物館があった―。那覇市首里汀良町の知花京子さん（78）が見た光景だ。「たくさんの厨子甕《ずしがめ》（骨つぼ）が外まであふれていた」というトタン屋根のバラック。職員4〜5人の首里市立郷土博物館だった。沖縄戦で焦土にされた首里城かいわいで、戦火に耐えた美術品を多く集めた。歴史は現在の県立博物館・美術館に続いている。

初代館長は沖縄タイムス創設メンバーの一人、豊平良顕（１９０４～90年）だった。城のそばの円覚寺からは石橋の彫刻が入った手すり部分を解体して首里高校生１００人以上と運んだ。王家代々の墓・玉陵《たまうどぅん》の草むらには、東西の塔から爆撃で転がり落ちた雌雄２体の石獅子。芋掘り帰りの住民約40人と搬入した。協力してくれた一人一人の住所や名前を将来に残そうとした名簿は、後の風害で失われた。

首里市立郷土博物館があった場所。沖縄戦で亡くなった与儀幸清さん（享年34）宅の敷地に建てられた。息子幸一郎さんの妻智恵子さん（右）や、娘の知花京子さん（左）によると、戦前から残る石積みに名残がある＝２０２０年６月28日、那覇市首里汀良町

なぜ、豊平は皆と一緒に文化財拾いに力を注いだのか。既に新聞記者だった戦前の体験がばねになったのかもしれない。皇国史観で覆われた当時を「差別と軽視の逆境に置かれた沖縄文化は抹殺の対象にすらされた」と振り返っている。戦中に首里城正殿裏の「留魂壕」で陣中新聞を刷り続けてから約30

年後、１９７６年の文章だ。

この年に生まれた県文化財課の平川信幸さん（44）は「日本、アメリカと圧倒的な強者が間近にいて、暮らしを壊し尽くされた戦後。はざまで自分たちは何者なのか苦悩し、本能的に探していたのでは」と先人を思う。学芸員として当時の収蔵品を見て「一見、元が何だったのか分からない破片まで丹念に集めていることに驚いた」という。

◇　◇　◇

沖縄戦で散り散りになった文化財は75年後の今も集まりきっていない。戦中に尚家邸だった中城御殿(首里大中町)に隠され、消失した秘宝群もその一端だ。

玉陵で子ども２匹をあやす石彫りの雌獅子。1946年に下の草むらで見つかった時には腰から二つに割れていた。修繕され、77年には元の位置に戻された＝2018年、那覇市首里金城町

防空壕や金庫に納めた場面に立ち会った真栄平房敬さん（１９２１〜２０１５年）の証言録に

よると、隠した品々のうち『おもろさうし』『中山世鑑』といった一部は戦後、米大統領名で返還された。が、那覇市歴史博物館に残る国宝の王冠とは別に、大小二つあった王冠などは、まだ行方知れずという。

22 琉球大学

１９９２年に復元された首里城正殿は、柱や梁《はり》に地元の木々は使われていなかった。火災からの再建材に、国頭村議会がやんばるの木材の使用や調達を求める決議と意見書を全会一致でまとめるなど、今回はできる限り使ってほしいという声が高まった。

米軍施政下の１９５０年に首里城跡で開学した琉球大学（現在は西原町）で、こうした機運に応える研究が進んでいる。工学部のカストロ・ホワン・ホセ教授(60)＝構造工学＝は「主に使われることになる国産ヒノキに対して、県産イヌマキ（チャーギ）は曲げや圧縮に耐える力が1.2倍以上優れている」と実験の結果を語る。国頭村から手に入れたオキナワウラジロガシの原木で強度試験をして、国側にデータを提供する。

アルゼンチン生まれで在日33年。国重要文化財の銘苅家住宅（伊是名村）や古民家の調査

イヌマキの木が割れるまで上から圧力を掛け、強度を数値化する実験について説明するカストロ教授＝2020年7月3日、西原町・琉球大学

をする中で、地元の木々で造られた建築物にこもる愛着を知る。首里城火災の当日は、ハワイ大学に出張中だった。海の向こうの県系人たちがすぐに再建のための寄付金を集め始めた熱量を感じた。

「技術者として微力ながら貢献したい。先人が経験的に知っていた木の強さを数値化すれば、現代の仕事に取り入れる説得力が出る」と話すカストロ教授。首里城火災の翌2020年3月には西田睦学長ら教職員約40人の一人として火災現場を視察していた。

視察は琉大が「首里城再興学術ネットワーク」の構築を目指す動きの一つで、専門分野の異なる研究者たちが参加した。いつもは互いに触れ合う機会が少なくても、帰りのバスは再建について話し合う声でにぎやかだったという。

ネットワークは首里城再建に役立つ研究へ資金を出

す。建築や歴史といった幅広い知が求められる再建をサポートすることを、国際地域創造学部の石原昌英学部長（61）＝社会言語学＝は「沖縄最初で、唯一の総合大学の責任」と話した。母校でもある琉大の歴史を踏まえた言葉だった。

◇　◇　◇

ことし70周年の琉球大学は、もしかしたら「沖縄大学」という名前になっていたのかもしれない。

「私は沖縄大学という名称を主張した。（中略）あの当時は琉球というといい感じはしなかった」。沖縄民政府文教部長として米軍とやりとりした山城篤男（１８８８〜１９６８年）の言葉だ（琉大『十周年記念誌』、61年）。

琉球という言葉が差別的な響きも伴った戦後間もない頃。沖縄と一緒に奄美大島などを治めていた米軍の「琉球大学にしなさい。歴史的にもその方がいい」という言い分が通った。名前一つとっても思い通りにはいかなかった。

一方で、かなった願いもある。50年、首里城跡に開学したことだ。「祖先が築いた政治文化の中心地をぜひ大学のために」とした民政府の声。なぜ米軍が受け入れたか。山里勝己・

建学の碑。当初は首里城跡にできた大学本館横にあった青銅板で「本館は、かつて玉座のあった場所に位置している」と刻まれている＝2020年7月3日、西原町・同大「首里の杜（もり）」

名桜大大学院特任教授（71）＝米文学＝は「戦前からの文化の流れに、米国流の民主主義をつなぎたかったからではないか」と読み解いた。冷戦初期でもあった。

　米国の存在は、時に琉大を揺るがした。56年の「第2次琉大事件」もそうだ。反米の「島ぐるみ闘争」に加わったとされた学生7人のうち6人を退学、1人を謹慎にした。

　山里特任教授は、米国で見つけた当時の文書から「琉大は植民地のような状況でもがき、せめて謹慎にとどめようと連日深夜まで会議を重ねた。米側が退学という結論だけを求め、大学廃止という最後通告を突き付けて抵抗を押し切った」

首里城跡の琉球大学本館前で開かれた琉球政府発足式典。正殿を模した本館は『回想　土木建築行政の50年』によると仲座久雄が設計した＝1952年（那覇市歴史博物館提供）

とみる。66年に琉球政府立大学となり、米国の縛りを外れるまでの大きな転換点になったという。

◇　◇　◇

拡大を続けた琉大は82年、手狭になった首里から西原町の広い敷地に移った。40年近く過ぎた今も、首里城跡は「城というよりも琉大のイメージが強い」という声が50代以上の人から聞こえる。

首里汀良町に家があった琉大の喜納育江学長補佐（53）＝米文学＝も、その一人。母校である城西小学校のそばから見えたブルーグレーの理学部ビルが原風景だ。「琉球王国時代は古典芸能などの人材を送り出し、戦前は師範学校、戦後は琉大があった。復元されたばかりの頃は派手派手しくも映った朱色の正殿が、文化を学ぶ場としてなじんでいく素地が整っていた」と話していた。

学びを求める人々の集まる地で、琉大は戦後の世替わりをつないだ。

23　戦後の守礼門

「規格家《きかくやー》」とは、沖縄戦で家を失った人々のための復興住宅。１９４５〜48年に7万5千棟も建ったわけは、建築家の故仲座久雄が米軍提供の２×４（ツーバイフォー）材で大工いらずの組み立て式にしたから。激しい沖縄戦後、力仕事のできる人手が乏しい時流に見合った設計思想の原点は何か。長男の巖さん（80）＝那覇市＝は「戦前の守礼門修理」とみる。

修理開始の36年は、琉球王国の滅亡から60年近く過ぎた頃で、木は腐って瓦の間に草が生え、屋根も落ちくぼんでいた。当時32歳の仲座は現場主任に。首里城正殿の解体修理を担った41歳の文部省技官、故森政三の監督下で働いた。

門の古材から使えるものを選び、銭湯に売り払われていた中山門からは柱を支えた石を転用した。「身近で手に入る素材で工夫して造る。おやじが森さんからたたき込まれた文化財建築の粋は、その後の近代建築にも息づいた」と巖さんは師弟関係を見て取る。

仲座と森は、戦後も沖縄戦で崩れた園比屋武御嶽《そのひゃんうたき》石門や焼失した守礼門の復元に携わった。守礼門復元の始まる57年、新聞の「その道を語る」というコーナーで文化財建造物をテーマにこう語っている。

「われわれがどんなに進んでいると気負っていても過去に多くを学ばねばならないということを文化財として残されている数々の建造物に思い知らされる。そこら辺に、文化財を原型のままで残さねばならない意義が潜んでいるのではなかろうか」

◇　　◇　　◇

58年に復元を終え、今もある守礼門の

父・仲座久雄による「規格家」の設計図を広げ、戦前の守礼門修理とのつながりを語る巖さん＝2020年6月、那覇市松尾

戦後、復元された守礼門。遠足シーズンは大勢の子どもたちでにぎわった＝１９６２年

正面右の石垣に石板がはめ込まれている。仲座ら工事に直接携わった人々のほか「守礼門復元期成会」の役員の名が刻まれている。

期成会は工事費の1割以上を一般人の寄付で賄い、屋根瓦の裏に寄付した人の名前を墨書き。国頭村で切った柱材を運ぶ「木曳《こびき》式」も営んだ。木を曳き歩く約４００人の力強い「国頭さばくい」の歌と共に、観客数千人も声を上げた。大勢を巻き込んだ復元だった。

当時19歳で、琉球大学が首里城跡にあった頃の美術学部生だった宮城篤正さん（81）＝浦添市、元県立芸術大学学長＝も門に模様を描いた。「県民の手で造る機運は、後の首里城復元にもつながる流れだった」と振り返った。

24　首里城復元期成会

「戦争で灰になった首里城は、もう文化財ではない」「復元しても偽物に過ぎない」。1970年に琉球政府が国に求めた首里城の復元を巡り、沖縄で上がっていた声だ。那覇市のデパート前では反対ビラがまかれた。

当時は75年の沖縄国際海洋博覧会を当て込んだ開発ラッシュが始まっていた頃。史跡や地中の埋蔵文化財が破壊の危機にさらされていた。調査や保護に当たる県の職員も予算も追いつかない窮状に、首里城復元となれば追い打ちを掛けかねない—との論調だった。

逆風にあらがって復元の機運を広げようと日本復帰の翌73年、首里城復元期成会ができた。初代会長の故屋良朝苗知事の退任、事務局長の県文化課課長の異動などに伴い、動きが鈍っていた81年。民間主導に転換を図り、大手建設会社・國場組創業者の故國場幸太郎さんを会長に据えた。再出発を新聞で知って着付け・茶道教室主宰の久保田照子さん（79）＝那覇市＝も手を挙げた。東京に生まれ、結婚した夫の故郷・沖縄に住み始めて18年目になっていた。

うちなーぐち、荷物を頭に載せて歩く女性…。見聞きする全てが興味深い沖縄文化は、沖縄

首里城復元期成会のアイデアで、国も県も巻き込んで長さ8メートルの材木を運んだ木曳式。国頭村から出発し、那覇では観客約15万人が押し寄せた＝1989年11月3日

生まれの4人の子が学校で教わるものではなかった。「子どもたちに故郷を誇らしく感じてほしかった。学ぶ場として首里城が必要だと思った」。沖縄の知人が、東京になじもうと自ら名字を日本風に改めた時のような思いをさせたくもなかった。

83年、女性約100人の「おびの会」で手作り品や結婚式の引き出物を持ち寄り、資金づくりバザーを始めた。出品に協力する企業も10年間で20社から116社まで5倍近くに増やし、草の根運動で裾野を広げた。その最中の85年、国の調査費が付き、92年に朱色の正殿がよみがえった。

◇　　◇　　◇

２０１９年10月31日の首里城火災の約３カ月後。久保田さんは県庁を訪れ、再建する正殿の瓦の裏に、寄付した人々の名を墨書きするアイデアを出した。「やるとしても県で担当するはずだから、と断られた」という。「同じ再建イベントでも、官製ではなく県民発でつくる余地はないか。１００年先も皆の思い入れ深い首里城を育てることになる」と、母体となる市民グループ発足に動いている。

首里城復元の裾野を広げた一人、久保田照子さん。正殿落成を祝い、材木の切れ端を使った絵馬１万枚には女性たちが一つ一つひもを付けて配った＝2020年７月６日、那覇市牧志

25　尚家文書

キーマンは、那覇市の国際通りそばにあった喫茶店の店主だった。琉球大学名誉教授の高良倉吉さん（72）＝琉球史＝は、常連客の尚家第22代当主・尚裕《ひろし》さん（１９１８〜97年）の紹介を頼んだ。首里城正殿を復元する設計委員を務めていた87年のことだ。当時まだ尚家秘蔵だった古文書のうち、１８４２〜46年の正殿大修理の記録４冊を復元図面に反映したかった。

面談がかなってコピーを預かり、実現した後。尚家が復元の一翼を担った――と高良さんは記者会見を通して感謝を伝えるつもりだったが、取りやめた。「ご本人から遠慮したいと電話があった。傷ついていたのだと思う」という。88年暮れに尚さんが古文書をはじめとする尚家関係資料などを父母の墓がある東京都台東区に寄贈すると報じられ、沖縄の人々の非難を浴びていたタイミングだった。

尚さんは東京帝国大学（現東京大学）で東洋史を学んで代々の宝の価値を知っていた。70年代には沖縄県から買い取りの打診もあった。温度や湿度を制御して資料を守るような展示・

収蔵施設が整っていないことから断っていた。

元県立博物館館長の當眞嗣一さん（75）＝沖縄考古学会顧問＝は本人に、私財をなげうって美術品管理に特化した倉庫を借り、資料を守り続けた苦労話を聞いた。「法人などの組織で管理しても、お金で行き詰まれば散逸しかねないと心配していた。沖縄県が受け皿を整えれば託したかっただろう」と思っている。尚家関係資料は紆《う》余《よ》曲折を経て95年、那覇市に無償で寄贈された。

◇　◇　◇

首里城の所有権を国から県に移せないか。２０１９年10月31日の火災後、クローズアップされた議論だ。現状はどうか。裏手の継世門は18年の台風でやぐらの一部が壊れ、部材の飛散防止ネットが掛かったまま。管理する県によると補修の具体的な予定も費用の試算もない。

文化の受け皿は整っているか。尚さんが沖縄に

尚家第 22 代当主の尚裕さん

継世門のやぐら。2018年の台風で壊れた後、部材の飛散を防ぐ網で覆われたまま。草も生えている＝2020年7月2日、首里城公園

投げ掛けた問いは今も生きている。高良さんは、文物の城外収蔵といった再建議論に当てはめて「文化財、公園、観光など複数分野の行政職員がばらばらに動くのではなく、一元的に組織化して進める必要がある」と考えている。

首里城祭初日に出御した国王と王妃＝ 2020 年 10 月 31 日、首里城公園

琉球王朝時代をイメージした映像を、城郭に投影するプロジェクションマッピング。訪れた人々は在りし日の首里城などを見つめ、再建を願った＝ 2020 年 10 月 30 日、首里城公園

第３部　地方からの遠望

26　与那国

猛火が鎮まり、焼けた首里城正殿の前に与那国島産の「フルイシ」で彫られた大龍柱が傷つきながらも立っていた。「虐げられてきたものの強さだと思った」。前与那国町教育委員会教育長の崎原用能さん（73）は、大龍柱に島で生きてきた人々の歴史を重ねる。

首里から約５００キロ離れた与那国島。島の言葉で黒い石という意味のフルイシは、沖縄島では「ニービヌフニ」と呼ばれる砂岩の一種だ。１９９２年の復元で、大龍柱を彫るのに十分な大きさの石が島の南西部で見つかり、運び出されていった。

島の人々はフルイシで刃物を研いだほか、くりぬいて「イチタライ（石たらい）」として使った。乏しい水をためて手足やイモを洗ったり、家畜の餌入れにしたり。大龍柱の石は厳しい生活を支える石だった。

与那国島南西部の道沿いにあちこちに露出している「フルイシ」。大龍柱の石はこの一帯に広がる「南牧場」などから採掘された。南牧場の一部は、陸上自衛隊与那国駐屯地になっている＝2020年9月24日、与那国町

琉球王国の中心として首里城が機能していた時代、島の人々は「人頭税」に苦しめられた。崎原さんは「祖先が過酷な税を納めながら生きてきた間、琉球の王様は首里城でぜいたくな暮らしをしていた」と話す。琉球王国が明治政府に廃された「琉球処分」も、崎原さんには、島の祖先たちが職業や移動の自由を手に入れた出来事と映る。与那国の人たちが生活圏としたのが、島からわずか111キロ西にある台湾だった。

1895年に日本の植民地になった台湾に、島の人々は仕事を求めて往来した。戦後は国境が引かれたが、かい

くぐって交易し活況を呈した時期があった。しかし米軍が1950年ごろ取り締まりを強め、文字通り「国境の島」となる中で、生活の糧を得る場が減り、人が減っていった。

仕事が少ない島に「帰ってくると言わないでいい」。崎原さんは両親にそう送り出されて那覇の高校に進学した。卒業後沖縄市に設計事務所を構えていたが、父が亡くなり、母を支えるため78年に島に戻った。88年に町議会議員になり、島の発展を考える中で町が掲げた台湾との「国境交流特区」実現に向け取り組んだ。しかし、国は外国の貿易船が入ることなどを許可しなかった。

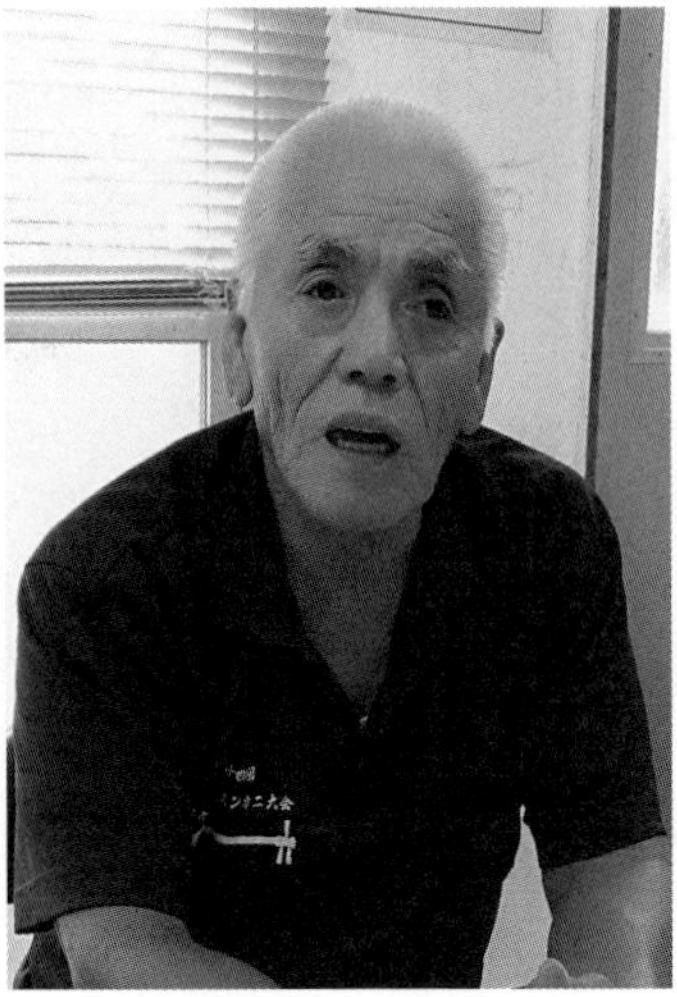

「島にある13の御嶽では首里に納める米を載せた船が遭難しないように祈った。生死に直結した願いだった」と話す崎原用能さん＝2020年9月24日、与那国町教育委員会

「日本のシステムの中では島の発展は難しい」と悔しそうに語る表情に、抑圧された歴史の重みが影を差す。崎原さんは島のわらべ歌「ニチヌサンアイティ」（北のガジュマル）を口ずさんだ。「かしん　たらぬ　ぬてぃん　たらぬりゃ　あみやふいひんなよ　たんでぃ　たんでぃ　（縦糸も横糸も足りないから　雨は

降ってくれるな　お願い　お願い)」。人頭税を納めるために働く親に、せめて光が差すよう祈る歌だ。

◇　◇　◇

与那国島の人々は島に自生するクバの葉で道具を作ってきた。水をくむおけ状の「ウブル」や「ティーウブル」（ひしゃく）、扇やかさ。「作られた年代や使いやすい工夫、扇であおぐ人の愛情。文字に書かれていない大事な記録がモノにはある」。島の民具を手作りして生計を立てている與那覇有《ゆ》羽《う》さん（34）は話す。

クバの葉でかさを作る與那覇有羽さん。「島にある資源を生かす技術や発想があれば生きられる」と話す＝2020年9月23日、与那国町・よなは民具

首里城も、文字に書かれていない記録を持つモノとみる。「偉い人たちのものかもしれないが、建

てる基盤になったのは島の人たちが苦労して納めた税。そういう城であることも知らないといけない。早く再建した方がいいと思う」。

その思いの根底にあるのが、島の文化が「なくなっていく」ことへの危機感だ。与那国中学校を卒業して15歳で島を出、南風原高校、県立芸術大学で歌三線を学んだ。休みで島に帰るたびに島のお年寄りから、三十三年忌の法要や、子どもが産まれて10日目のお祝いなど、島の行事で歌う歌を教えてもらった。

「帰っても跡を継ぐ仕事もない。時々島に通って歌を習いながら、与那国の人みたいな那覇の人になるんだろうな、と思っていた」

しかし、どこの家のお年寄りが亡くなった、という知らせを聞くたびに、帰って島の話を聞かないといけないという思いが募った。父の病気を機に25歳で島に帰り、民謡を弾きながら、幼い頃から好きだった民具を作り始めた。

首里城が燃えた日、ニュースを聞いて跳び起きた。自分が弾く三線が生まれた場所であり、大学生の時に親しんだ場所。たくさんの人々が技術をつぎ込んで作ったモノが消えたことに衝撃を受けた。

技術は人から人へ、現場で伝えられる。民具の作り方を祖父や祖母のそばで見よう見まねで学んだから、その大切さがよく分かる。

「人頭税で苦しんだ歴史を考えると複雑だが」。再建に反対する人の気持ちも分かる。それでも早く再建した方がいいと思うのは、琉球の伝統技術が引き継がれ、歴史が語り継がれるとみるからだ。

首里城を残すことは、琉球王国から沖縄戦、王様から島の人までの歴史を残すこと。「大事な場所だ」。そう言い切った。

27　北山

琉球王国が成立する前、沖縄島には三つの大きな勢力があり、その一つ、北山は今帰仁村にある今帰仁グスクを拠点にした。グスクから出土する豪華な陶磁器の数々は、アジア各国と盛んに交易して栄えたことをしのばせる。北山は１４１６年に首里城を拠点にする中山に滅ぼされた。

「グスクの歴史を伝え、子どもたちに今帰仁を好きになってほしい。首里城火災をきっかけに、その気持ちがより強くなった」。今帰仁村歴史文化センターの館長、玉城《たましろ》靖さん（43）

「今帰仁グスクからは他に見ない高価な焼物が出土する。こんなところを掘れるなんて幸せだなと思う」と話す玉城靖さん＝2020年3月9日、今帰仁村歴史文化センター

は話す。

首里城火災の翌日、村役場から募金箱が届いた。2018年の台風で今帰仁グスクの城壁が崩れ途方に暮れた時は起こらなかった募金活動。首里城が消えた喪失感と違和感の間で考えた。「学校で教えるのは首里中心の歴史。今帰仁グスクは教えられていない」

グスクのふもと、今泊で育ち、大学で考古学を学び、地元の宝に関心を持った。村職員になり、グスクの発掘を担当してきて昨年館長に就任。学校に出張し子どもたちにグスクの歴史を話す機会が増えた。

「虎の歯が出るんだよ、ジュゴンの骨で作ったサイコロもあるんだよ」。郷土の歴史を知り子どもたちの顔は輝く。今帰仁が元気であるために、地域の博物館の役割は大きいと考えている。

◇　◇　◇

本部町瀬底島出身のテレビディレクター、仲松昌次さん（76）は、火災で「アイデンティティーの象徴が消えた」という論調には賛同できなかった、という。「同じ沖縄の人でも、首里城への思いは違うはずだ」

原点は名護高校から首里高校に編入した時。同級生の「芝居で聞くようなきれいなウチナーグチ」に返したヤンバル言葉を笑われて口ごもった経験だ。

琉球大学を卒業後、県外の放送局に赴任。当時米国の施政権下にあった沖縄の返還運動にのめり込み、基地が残った復帰に失望も味わった。ヤマトに対する沖縄、権力に対する民衆への共感を、番組にしてきた。

退職後に沖縄に帰り、芸能関係の番組を作っている。火災2カ月後、首里城を歌った5曲を紹介する番組を作った。世代も出身地も違う人々のそれぞれの表現をたどりながら「勝者の歴史の影で口ごもる人々の声まで聞き取って表現したい」と改めて思った。

28　南風原町津嘉山

首里に近接する南風原町は琉球王国時代、王府の直轄地だった。特に人口が多かった津嘉山の住民は、王をはじめ首里の人たちが食べる米を作るために働き、首里城で工事があれば労務を提供した。王家の屋敷で働く人もおり、首里との関係を語るエピソードは多い。

その一つが「津嘉山イラナー小」。ある年首里の士族が、自分たちが綱曳きをするためのわらを余分に提供するよう津嘉山に命じた。その年は不作で地域の長が断ると、役場に連行して縛り付けた。それに怒った津嘉山の人々が、イラナー（鎌）を手に押し掛けて縄を切って助け、士族たちを追い払ったという話だ。

「津嘉山人は相手が偉い人だろうが、正しいと思ったら負けない、と聞かされて育った」と、元南風原町文化財保護委員の城間良和さん（67）は話す。

一方で「首里の最新の文化も伝わった」という。10年ごとの旧暦6月に行われる津嘉山の大綱曳きにその影響が見える。１７３０年に王府からもらった「御拝領旗《ごはいりょうばた》」を揚げ、王府から派遣された玉城朝薫が指導した音楽や踊りを添えるようになったと伝わる。城間さんは

2003 年の津嘉山大綱曳き。「太平」「國泰」と書かれているのが御拝領旗。大綱曳きはこの年を最後に行われていない＝同年 7 月 19 日、津嘉山小学校（南風原文化センター提供）

１９９２年に首里城の御庭で旗を披露した時のことを思い出す。演奏を聴いた首里の古老に「本物の首里打ちだ」と褒められた。

津嘉山には王家の祭祀でしか使われない漆器「御供飯《うくふぁん》」を伝える家もある。津嘉山出身の県立博物館・美術館学芸員、伊禮拓郎さん（26）は、子どもの頃よくそばを通った家に、自分が琉球漆器研究を目指したきっかけになった御供飯が現存すると知り驚いた。

神奈川県の鶴見大学で、重要文化財の御供飯の復元に関わった小池富雄さんに師事。県立芸術大学の大学院を経て学芸員になり、今年初めて津嘉山の御供飯を

伊禮拓郎さん

城間良和さん

調査した。沖縄戦で壊れたままだが保管され、複製してまで残していたことに感動した。「守り伝える意思がある限り、物は何度もよみがえる」と思った。

２０１９年10月31日、学生の時に調査で訪れた首里城が燃えた。県立博物館・美術館に救出された漆器が運び込まれた時、よくこれだけ残ってくれた、と思った。「より良い状態で守り継ぐ」。それが琉球漆器と自分を育んだ首里城への恩返しだと考えている。

29　うるま市勝連

沖縄本島東側に突き出た勝連半島を一望する勝連城跡。15世紀、地域に富をもたらし人望を集めた城主、阿麻和利《あまわり》がいた―。その人物像を定着させたのが、2000年に地域の中学生が初演した現代版組踊「肝高《きむたか》の阿麻和利」だ。

阿麻和利は、琉球王国時代の首里城で作られた歴史書や組踊で、三山統一後の首里に反逆した悪者として描かれてきた。一方で古謡「おもろ」には、勝連の繁栄がうたわれる。阿麻和利の汚名をすすぎ、地域の目標となる人物像としたいと現代版組踊を考えたのが、当時の勝連町教育長、故上江洲安吉さんだった。

勝連城跡が首里城跡などとともに世界遺産に推薦されていたこの時期、与勝（うるま市合併前の与那城、勝連両町）地域の中学校では非行や不登校の課題が深刻だった。「上江洲先生は、首里と肩を並べる文化圏だった勝連を、子どもたちにも誇りに思ってほしいと話していた」。出演者の保護者会、あまわり浪漫の会会長の長谷川清博さん（60）は回想する。

初演に出演した仲吉菜津美さん（34）は、阿麻和利を通して地元に対する意識が変わった

仲吉菜津美さんと長女の伊織ちゃん。結婚して市外に引っ越したが「娘にも与勝の血を引いていることを誇りにしてもらいたい」と願う＝2020年10月8日、勝連城跡

1人だ。当時中学1年生。「与勝の子＝悪い子」というイメージがあった。学校生活を楽しめず、休む日も。元気をくれたのはテレビで見る芸能人だった。「いつか与勝を出て芸能人になりたい」と思っていた時に、阿麻和利の出演者の募集があった。

自分の意思を伝えることを学び、仲間ができ、大人が見守ってくれる居場所ができた。自信がつき、学校へ行く意欲も湧いてきた。

2000年3月。勝連城跡に与勝の子どもたち150人の歌と踊りが響いた。大きな拍手に包まれながら「ここに生まれて良かった」と仲吉さんは思った。

今は、与勝にある現代版組踊をプロデュースする会社に勤めながら、長女伊織ちゃん（5カ月）を育てる。上江洲さんたちが伝えてくれた誇りを、今度は自分が伝える番になった。

首里城火災後、勝連城を滅ぼした城が燃えてうれしいかと人に聞かれ驚いた。「劇には首里城の人たちも登場する。勝連城と同じぐらい大事だから火災はショックだった」。仲吉さんの心に勝連城は首里城と同じく、誇り高く建っている。

30　国頭

「ユイシー、ユイシー」。1989年11月2日、沖縄島北部の国頭村森林公園。同村の奥間区民約90人が大きな「御材木」をぐるりと取り巻き、威勢のいい掛け声を上げながら舞った。首里城再建の着工を祝い、全県的にパレードや伝統芸能が繰り広げられた「木曳式《こびき》」は、木遣《や》り歌の「国頭《くんじゃん》サバクイ」でにぎやかに幕を開けた。

巨大な木造建築物である首里城。琉球王国時代、改修の際には国頭地方の材木が献納された。与那覇岳やその中腹の長尾山から切り出されたカシの木は鏡地浜から山原船で那覇の泊に運ばれ、首里城「木曳門」から搬入された。村から村へ大木を運ぶ状況を歌ったのがこの

首里城正殿の復元着工を祝って開かれた「木曳式」。奥間区のウスデーク・国頭サバクイ保存会のメンバーが王朝時代に御材木を運んだ故事を再現した＝1989年11月2日、同村森林公園

国頭サバクイだ。

国頭村森林組合の組合長、大城盛雄さん（84）は、同村と首里城には「切っても切れない歴史の重みがある」。国頭サバクイや、国王の年始儀式に使う若水を献上していた辺戸区の行事「お水取り」、琉球の三司官・蔡温が本島北部に植林したことを次々と挙げた。

40年以上、伐採や造林などの山仕事に従事してきた。首里城はやんばる由来の「山の文化」も内包されている貴重な文化遺産だという。昨年の焼失時は「県民として大きな損失を被った」と落胆した。

「首里城にやんばるの木材が使われてきたのは地域の誇り。復元される首里城にもやんばる材が入ってこそ真の価値が出るし、喜ばしい」と希望する。国や県から木材調達の要請があれば、同組合としても「使命感を持って協力したい」

国頭村議会も３月定例会で、首里城の早期再建とやんばる木材の使用、調達を求める決議と意見書を全会一致で可決した。決議文では北部の森が首里城に使う有用材の確保のため植林されてきた歴史にも触れた。

議案提出者で副議長の与儀一人さん（53）も林業者だ。「国頭の森と、これまでの人の営みがあって、初めて首里城があった」と強調する。世界自然遺産登録を目指すやんばる。「山の木が首里城に使われたら、相乗効果でアピールできる。村民の財産の山を守ることにもつながる」

首里城とやんばるには「切っても切れない歴史の重みがある」と話す大城盛雄さん＝2020年10月12日、国頭村与那

50年以上、国頭サバクイの踊り手などを務めてきた奥間区の金城竹子さん（86）は「サバクイは奥間の宝ともいえる労働歌。先人の苦労に思いをはせながら踊っているし、子孫に継承する責任がある」と表情を引き締める。同じく大田

吉子さん（86）は「私たちが元気なうちに首里城を再建してほしい。そしたらまた、再建を祝って国頭サバクイを踊りたい」とほほ笑んだ。

31　与那原

「首里城再建に向けて背中を押されている気がする」。こう語るのは赤瓦の産地、沖縄島南部の与那原町にある島袋瓦工場の代表、島袋義一さん（72）だ。

国内外からの支援申し出の多さに触れながら、3月に政府が2026年に正殿を完成させる工程を発表したことに対し「想像以上に早かった」と評する。

与那原に瓦工場が増え始めたのは明治期以降。1889（明治22）年に庶民でも家屋に瓦ぶきの屋根が認められて需要が増え、職人らは地の利がある与那原に集まりだしたとされる。原材料のクチャは隣の南城市大里で多く採れる。与那原には山原船も寄るため窯に使用する薪《まき》も手に入りやすかった。

1992年に復元された首里城正殿の赤瓦を制作したのも同町の故奥原崇典さん。島袋さんの幼なじみで当時、助言もした。自身も復元工事に携わった島袋さんは「火災後しばらく現場に行けなかった」と語る。

現時点で、自社もしくは加盟する県赤瓦事業協同組合（同町・５事業者）に正殿工事が発注されるかどうかは未確定だ。

同組合代表の八幡昇さん（71）もそれを前置きした上で産地の職人として思いを語る。「どれぐらい原材料が必要か、どう確保するかは考え続けている。火災はショックだったけど、もう前を向かないと」と語る。

すでに正殿に先駆け、被災した「奉神門」の補修は島袋瓦工場が受注。赤瓦約１万５千枚を新造して12月末に着工予定だという。

７年前に復元整備を手掛けた「女官居室」「世誇殿《よほこりでん》」に用いた赤瓦の金型は再使用のため補修済みだ。

首里城の赤瓦の金型を前に語る島袋瓦工場の島袋義一代表＝２０２０年10月12日、与那原町

与那原の事業者は県内だけでなく県外飲食店などからも受注する。赤瓦は沖縄居酒屋など沖縄ゆかりの建物であると一目で分かる外観を形成する要だ。

時代の変遷で赤瓦は広がって与那原が産地となり、今や国内外の人が知る沖縄を象徴する彩りになった。島袋さんは言う。「飛行機で那覇空港に近づくと赤瓦の屋根がちらほら見えてくる。空からでも分かるシンボルを私たちが作っている」

火災後の喪失感は職人たちにとって誇りの再認識へとつながっている。

32　多良間

「首里城は今や県民のものだ。国や識者だけで再建を進めるのではなく、庶民の意見も尊重すべきだ」。

宮古島と石垣島の間に位置する多良間島。多良間村ふるさと民俗学習館に勤め、島の歴史や文化に詳しい本村恵一さん（69）＝村塩川＝はそう語る。

首里城が焼けた日、テレビを見てがくぜんとした。本村さんは、琉球国の和文学者、平敷屋朝敏（1700年〜34年）を先祖に持つ。王府役人だった朝敏のかつての任務地で、琉球国の象徴が焼け落ちる姿に画面から目が離せなかった。

多良間村史などによると、朝敏は1727年に脇地頭として勝連間切の平敷屋に赴く。水不足に悩む農民を助けるために用水池を造るなどし、農民から慕われる存在だったとされる。

朝敏は翌28年、首里に帰任した後も、厳しい納税で困窮にあえぐ農民を見過ごせず、三司官だった蔡温の政策を批判。後に国家転覆を図った罪で処刑され、妻子も島流しに遭った。多良間島には次男の朝助が流されたと伝えられている。

朝助は島で妻をめとり、子孫は繁栄した。子孫が造った門中墓の「里之子墓」には朝敏と妻の遺骨も納骨され、今でも平敷屋の住民が毎年のように参拝に訪れる。本村さんは「王府役人でありながら、農民に寄り添った朝敏の生き方は正しかった。先祖を誇りに思

現存する組踊の台本について説明する多良間村ふるさと民俗学習館の本村恵一さん＝2020年10月18日、多良間村仲筋

う」と胸を張る。

宮古郷土史研究会の下地和宏会長によると、薩摩侵入後に首里王府は宮古地域の住民に人頭税を課した。「役人が農民の税金を上乗せして横取りすることもあった。役人の横暴を王府に直訴する『多良間騒動』が起きるなど、農民には過酷な重税だった」と話す。

多良間島では旧暦８月に島最大の行事である「八月踊り」が催される。毎年、旧暦７月に納税を終えた農民が互いをねぎらう「完納祝い」として始まったとされている。

村史によると、19世紀末ごろには首里から伝わった組踊が演じられるようになった。今でも「忠臣仲宗根豊見親」「忠孝婦人」「忠臣身替」「多田名組」の四つが演じられている。

本村さんも19歳のころ若按司役で出演した。「練習は厳しく、首里の言葉も分からない。懸命だったが、俳優気分になれてうれしかった」と振り返る。組踊はかつて、士族だけが出演できたとし「平民は後になってから許された。身分に関係なく同じ舞台に立てる今はいい時代だ」と話す。

首里城再建は、国や識者だけで一方的に進めてほしくないといい、「権力者は常に庶民の立場に立ち、その要望に耳を傾ける存在であってほしい」と願う。

33　久米島

那覇市から西約100キロ沖の久米島町。ある山の一地点から、首里城正殿2階の格子窓に塗った赤土が出る。島のサトウキビ畑の赤土よりも、ひときわ赤い。琉球王国の記録によると正殿改修に「久米赤土」の調達を求め、窓を赤土塗りと指定した。1992年の正殿復元、2006年以降の塗り替えでも踏襲された。

正殿を彩る赤土は、どんな色になるのか。島の木々や泥で絹糸を染め、織る久米島紬《つむぎ》事業協同組合の女性らは探究心から09年ごろ、町文化財保護審議委員長などを務めた上江洲盛元さん（1935～2010年）に採れる所を教わった。生まれ島の地質を熟知し、久米赤土の研究者も案内した人だ。

当時、上江洲さんはがんの手術明け。他の鉱物も染料にできると提案し、痩せた体で1日かけて産地を案内した。日本で久米島にだけ出る紫金鉱《しきんこう》、金山の名残の金鉱石、火山活動を示す溶岩…。紬織りに遺された知識は今、島ならではの土や石を染料とする技法「大地染め」に生きている。

1992年復元の首里城正殿を彩ったのと同じ赤土を掘る久米島紬事業協同組合のメンバー。2009年以来3度目の作業＝2020年10月21日、久米島町

上江洲さんを通し、あらためて島の恵みを照らし出した久米赤土。染めた糸は、明るいオレンジ色をした穏やかな風合いの紬になった。国重要無形文化財・久米島紬保持団体の伝承生である山城智子さん（63）は「優しい色。島の財産です」と話す。

王国時代の紬は税として織らされ、取り立てられた。中でも王族らの特注品は絵師のデザイン画「御絵図」の通りに織るという難題を強いられた。織り上げた途端、織機に突っ伏して泣き、技の巧みさを見込まれ翌年も割り当てられたために卒倒したという受難の逸話が残る。

一方で腕を磨き続けた島だからこそ、現在、御絵図をモチーフとした問屋の注文をこなせる。久米島博物館の学芸員、宮良みゆきさん（46）は「懸命に紬を織った歴史の蓄積が、普段は意識しないほど暮らしに溶け込んでいる」とみる。

島と首里城の結び付きについて、宮良さんは数年前を思い出す。小学生だった長女が修学旅行で訪れた正殿に久米赤土が使われていると聞き、すごい、と感動していた。「沖縄に普通にあるものが一つ一つ再建に使われ、各地とつながっていけば先々まで心に宿る『われわれの城』になると思う」と話した。

第4部　1年後の一歩

34　首里城祭

首里城火災から1年がたち、11月3日が巡ってきた。首里人《すいんちゅ》にとっては、1960年に始まった「教育まつり」を引き継ぐ「琉球王朝祭り首里」が開かれる特別な日だ。王、王妃や王府の役人に扮《ふん》した人々が城内を歩く「古式行列」が、主催の首里振興会役員と首里の自治会長ら20人でささやかに行われた。

「祭り」は2018年は大雨、19年は首里城火災で中止になった。そして20年に襲ってきた新型コロナウイルス。同会副理事長の佐和田健治さん（74）は「今年は古式行列だけでも実施しないと、伝統が途切れる」と焦っていた。

250人の出演者を20人に減らし、「無観客でもいい」と事前の告知を控えた。それでも、3年ぶりの催しを知った人々が待ち構えた。

大勢の来場者がカメラを向ける中、歩を進める「古式行列」＝2020年11月3日、那覇市・首里城公園

先導役として先頭を歩いていた事務局長の嘉陽田詮さん（69）は、御庭から奉神門を出発して瑞泉門を出た時、外郭にある眼下の歓会門まで沿道を埋め尽くす人々に目を見張った。

みんな顔を輝かせていた。自分と同じく、火災で心に傷を負った県民が、古式行列の歩みに復興のつち音を重ねているように見えた。「県民の気持ちが一つになった。首里城は大丈夫だ」と確信した。

首里人として誇りを持つよう両親に言われて育った。前回の復元で、使われる材木を運ぶ際に行われた木曳式《こびきしき》から行事に参加。首里城は心の支えだった。火災直後は正殿が崩れ落ちた場面が頭から離れず、心

佐和田健治さん

嘉陽田詮さん

が沈んでいた。

火災から3カ月後の2月に現場に入った時、賓客をもてなす場所だった鎖之間《さすのま》庭園で黒焦げになったソテツの幹の先端に、黄緑色の新芽が出ているのを見つけた。「前に進まなくては」。写真に収めながら「今年は絶対祭りを成功させる」と決意した。

祭りは縮小して開かれたが、観客と一緒に「つち音」を聞いて、心の中にあった不安が消えるのを感じた。「晴れ晴れとした気持ち」で、来年の「祭り」を構想している。

嘉陽田さんの目には、観客の多くがウチナーンチュと映った。首里城公園管理センターによると、火災前の19年8月に県民割引をした期間、県民の入園者は全体の5％未満。火災後の20年は、首里城祭が開かれた10月31日から11月３日までの４日間の有料入園者数約１万１８００人のうち、県民は３９４４人と約33％を占めた。

◇　◇　◇

簡単なようで、難しいあいさつだったという。「首里城火災から1年、復興の気持ちを込めて歌います」。10月31日、首里城祭のイベントの一つとして、城内の情報センター・首里《すい》杜《むい》館前で開かれていた伝統芸能ステージの冒頭。歌三線の県立芸術大学4年、平石真由子さん（36）＝那覇市＝が観客に語り掛けた。悲しい火災を思い出させていいのか。一呼吸を置いた語りだしに、ためらいがにじんだ。迷いの跡は、当日朝に修正テープを貼って書き直した台本に残っている。

歌三線仲間の同大学院2年、下地彩香さん（27）＝北中城村、箏の同大2年、吉永明美さん（58）＝宜野湾市＝と弾き、歌うに連れて心の曇りは晴れ、声も伸びやかに。曲は再建後、また皆で集まって喜び合おう―と選んだ「世栄節《ゆざかいぶし》」「よらてく節」など四つ。野外舞台にしんと聴き入る約60人と共に「城と一体になった気がした」と振り返る。

平石さんは故郷の栃木県で3歳からピアノなどに親しみ、高校生の時に日本舞踊を教えて

首里城火災から丸１年の 2020 年 10 月 31 日に再建を願い、琉球古典音楽を奏でた県立芸術大学の（右から）下地彩香さん、平石真由子さん、吉永明美さん＝同日、那覇市・首里城公園

いた祖母から三線を買ってもらった。沖縄に移り住んだ後、２０１１年から本格的に師事するきっかけとなった。

　三線の教師免許を取ったことを機に、もっと学びたいとホテル正職員を辞めて県立芸大に。「中秋の宴に出たかったからでもある」と笑う。名月の旧暦八月十五夜に合わせ、芸大の選抜生が「人間国宝」らと臨む正殿前の広場・御庭《うなー》の特設舞台のことだ。実現しなかった昨年、正殿は燃え、最終学年の今年は宴もなかった。

　火災当日は泣きじゃくった。市民ガイドとして琉球王国史や復元の苦労話を学び、思い入れがあった。説明した時に、観光客が感心しながら城に向けるまなざしが印象深いという。大学の時に働いた東京ディズニーランドのように、人をわくわくさせる何かがあると感じていたことも、焼失の悲しみに拍車を掛けた。

再建に向けて、自分たちに、何ができるか。「沖縄の古典音楽を奏で続け、発祥の地の城に目を向けてもらうこと。（国が正殿再建を目指す）26年、実演家として中秋の宴に呼ばれるぐらい頑張る」。そう話していた秋に初弟子を取り、教室となる研究所を公民館で始めた。草の根で文化をつなぎ、再建機運を支える一人となる。

35　まちづくり

2020年11月26日、首里公民館大ホール。「50年後の首里のまち」を展望するワークショップに若者からお年寄りまで約70人が集った。主催は六つの地域団体で結成した首里杜《すいむい》地区まちづくり団体連絡協議会（首里杜会議）。再建が進む首里城とともに、住みよく魅力的なまちを実現しようと、熱気に満ちていた。

「こんなにたくさん来てもらえるとは。首里への愛を感じる」。首里杜会議の結成を呼び掛

住民やまちづくりを学ぶ学生が参加して 50 年後の首里のまちづくりを考えた首里杜会議のワークショップ＝ 2020 年 11 月 26 日、首里公民館

けた首里まちづくり研究会（すいまち研）理事長で建築士の伊良波朝義さん（52）は目を細めた。目標は「景観10年、風景100年、風土1000年」といわれるまちづくりの、持続的な仕組みをつくることだ。

東京の建築設計事務所で経験を積んで1996年に帰郷し独立。「沖縄らしい建築」を追求する中で、首里城正殿南にある「書院」の設計にも関わった。

首里在住でも、勤務でもない。資格要件に合わないまま沖縄建築士会の首里支部に直談判し入会したのは、龍潭通りの拡幅で、首里の風景が変わろうとしていた時。「琉球文化の中心である首里に風格を持たせることが、全県のまちづくりに影響する」と考えた。

支部にまちづくりの相談窓口を作ったが反応がない。地元の人の参画が必要だと気付き、観光案内ボランティアの団体と合流し２００５年にすいまち研を設立。緑化コンクールや案内板の設置など、城下町の魅力向上に取り組んできた。

２０１９年10月31日。自宅の窓から、正殿から燃え移った炎が書院を巻き込むのを、なすすべもなく見ていた。

首里城が首里のまちにとってどんな存在だったのか、他のメンバーと1カ月じっくり考えた。そして11月末、他の地域団体と連名で県に、首里城の早期再建と地域復興を推進する総合計画の策定などを要請した。

「まちづくりは息の長い活動。継続できる仕組みが大事」と話す伊良波朝義さん＝2020年11月27日、那覇市真地の「義空間設計工房」

そこをスタートにすいまち研は、首里の歴史や文化を知る「すいまち塾」やまちづくりシンポジウム、首里杜会議の発足と走り続け、国や県主導で進む首里城再建に地域住民の存在をアピールしてきた。

首里杜会議の活動成果は提言にまとめ、県

の首里城復興基本計画策定の場に届けた。「今の理想が、子どもや孫の世代の日常の風景になるように」。未来を見据えた。

36　御茶屋御殿復元期成会

西に慶良間諸島を一望する。山々は競い合うように青々と映え、麓の麦畑は風に波打つ―。琉球王国時代の漢詩は、那覇市首里崎山町の丘、標高約130メートルにあった国王の別邸・御茶屋御殿《うちゃやうどぅん》（那覇市首里崎山町）の眺望を伝える。1677年、風光明媚《めいび》な高台に建ち、迎賓館に。外交のため、一流の文化人が音楽や踊り、能、茶道といった芸を尽くして客をもてなした。文化の殿堂とも呼ばれる。

首里城の南東約600メートルに位置することから中国の使いが「東苑《とうえん》」と名付けた。この別名は「地元の少年野球チームがTシャツにデザインするくらい、なじみ深い」。首里崎山町自治会の会長、大城昌周さん（79）は誇らしそうだ。一方で「実際にどんな場だったか、若い保護者や子どもたちにはあまり知られていない」とも語る。

歴史的意義と、現状の落差は他にもある。首里城再建に伴う県有識者懇談会は、復元する

御茶屋御殿復元期成会の理事、（右から）大城昌周さん、伊江朝勇さんと、往時をしのばせる眺望＝2020年11月25日、那覇市首里崎山町

べき周辺史跡として王の世継ぎが住んだ中城御殿、王家の菩提《ぼだい》寺だった円覚寺とともに名前を挙げたほど重視する。３カ所の中で御茶屋御殿だけ、行政による復元計画がない。

ハードルの一つは用地だ。宗教法人カトリック沖縄教区が戦後、跡地のうち約1万8千平方メートルを買い、教会や幼稚園を建てている。市民団体「御茶屋御殿復元期成会」は首里地区に代わりの土地があれば移転を検討する―という意向を引き出した。が、１９９８年に期成会が発足して以来、国や県、那覇市に要請を重ねてきた石垣部分の国文化財指定などは実現していない。

昭和初期の御茶屋御殿（阪谷良之進『戦前の沖縄　奄美写真帳』、県立図書館所蔵）

復元するために何が大切か。期成会理事の吉浜秀彦さん（63）＝首里石嶺町＝は「歴史的意義を伝えるとともに、城と関連づけてどう使うかという展望」とする。首里城火災後の「首里城周辺まちづくり団体連絡協議会」で、町歩き型観光や渋滞解消を探る他の市民団体を見て考えを深めた。

期成会には、城のそばにある県立芸術大学の力を借りてビジョンを描く案がある。2021年は那覇市制百周年を記念する行事の一つとして、御殿にちなんだ短歌・琉歌展や空手・古武道などの舞台へ子どもたちの参加を呼び掛ける考え。理事の伊江朝勇さん（77）＝首里汀良町＝は「もし自分たちの世代で復元できなくても、いずれ実現するように次代へ思いをつなぎたい」と話している。

37　第32軍司令部壕

「初めから、当選は考えていなかった」。琉球大学名誉教授の弁護士、垣花豊順さん(87)＝那覇市首里久場川町＝は、2020年6月投開票の県議選に出ると決めた時を振り返る。告示3日前、ぎりぎりの決断。一番の公約は、首里城の地下にある旧日本軍第32軍司令部壕を保存・公開することだった。

先に立候補を予定していた顔ぶれに「32軍壕は票にならない、と感じたのだろう。公約が見当たらなかった。戦没者に『君は何もしないのか』と言われたような気がして、手を挙げないと後悔する」と思った。

平和を願う原点は、故郷・宮古島市で経験した沖縄戦にある。空襲に来る米軍機。拳銃で迎え撃つ日本兵から「腕がいいので操縦士を狙う」と聞かされた。当時11歳で「子どもにも通用しない」と感じたうその中、集落の人たちが犠牲にされた現実があった。

忙しい琉大教授を退いた後の2010年、戦跡を巡り歩く「沖縄戦体験ピースウオーク」

実行委員会の代表になり、沖縄戦を指揮した32軍壕を平和学習の場として整えたい思いを強めた。首里城火災後に「保存・公開を求める会」（瀬名波栄喜会長）を立ち上げ、副会長に就いた延長線上に県議選があった。

◇　◇　◇

6月投開票の県議選に立った垣花豊順さん。旧日本軍第32軍司令部壕の保存・公開を訴えた（本人提供）

選挙を手伝った大勢の教え子の一人、塾講師の前城直美さん（63）は告示日、32軍壕の出入り口「第５坑口」に同行した。生まれ育ち、現在も住んでいる首里当蔵町から南西に約６００メートル先と近場の戦跡を「先生が立候補して初めて知った」という。

「きらびやかな首里城と違い、文字通り埋もれた存在。子育て、親の介護に追われた間は見えなかった」と前城さんは語る。ゆとりができた今、歴史を伝えたいと「求める会」の事務局を担うようになった。

垣花さんは県議選で落選した。が、志は32軍壕の保存・公開議論を加速させる一助となった。本年度中に始まる県の有識者委員会へ「誰が委員になるか、知事が公開前提の議論にするか。注視したい」と語る。月1回の勉強会を重ねる「求める会」は来年、市民シンポジウムを開く案も温めている。公開機運を高め続ける考えだ。

38　技術の継承

朝、ホテルのテレビの電源を入れると、映っていたのは炎に包まれる首里城だった。県立芸術大学で琉球漆芸を教える准教授、當眞茂さん（50）は出張先の東京で、自分が7年間塗り直しに関わった正殿、北殿、奉神門が焼けていくのを、ただぼうぜんと見ていた。

教え子の又吉紘士さん（19）から電話がかかってきて、われに返った。「先生、大丈夫ですか？」。気遣いながらも、動揺している様子が伝わってきた。育てるべき人材が目の前にいる。又吉さんに伝えた。「次は君たちが首里城の再建に貢献する番だ」。

當眞さんは同大学でデザインを学び、内装設計の会社に就職。設計するだけでなく自分の

波多野泉さん

當眞茂さん

手で物を生み出したいと琉球漆器の会社に転職し、職人としての道を歩み始めた。

技術を身に付けて２００７年に退職し、漆で塗られた首里城の壁の塗り直しや、儀式で使われた漆器の模造復元に関わった。漆器の模様を彫る時、現代の職人が使う道具では琉球王国時代の作品のように始めから終わりまで同じ太さの線が出せず、刃物を考案することから始めた。壁塗りは、温度と湿度の管理が難しい屋外で試行錯誤を重ねた。「琉球王国時代の職人も、漆と会話し、どうしたら適切な反応をしてくれるか読み取ってきたと思う」。16年に県立芸大に就職し、学生に「巨大な琉球漆器」である首里城のあちこちに宿る先人の技術を伝えてきた。

建物の再建に加え、熱でダメージを受けた文化財の修復にも漆芸の人材が求められ、県立芸大に期待が寄せられている。同大学の波多野泉学長（62）は、現行の教育課程では、保存修復に特化することは難しいとした上で「卒業後に保存修復の道を選ぶ基礎的な実技教育の充実と、他者が作った物に敬意を払う心を育てることはできる」と話す。文化財は現状維持が基本で、自分の理想の姿にすることはできない。その基本となる精神を、芸大での教育で養うことができるという。

２０２１年度、大学院の漆芸分野に保存修復技術の演習授業を入れるが、短い授業では即戦力を育てることは難しい。「首里城は１００年維持すれば文化財になる。そのための人材育成は県民の理解とコストが必要で、県全体で考えなくてはならない課題だ」と指摘した。

39　大龍柱の向き

火災後、正殿が消えた御庭の風景に2本の大龍柱が立っていた。会員制交流サイトで「奇跡の大龍柱」という呼称が広がり、人々は再建の希望を重ねた。その大龍柱が再建後、焼失

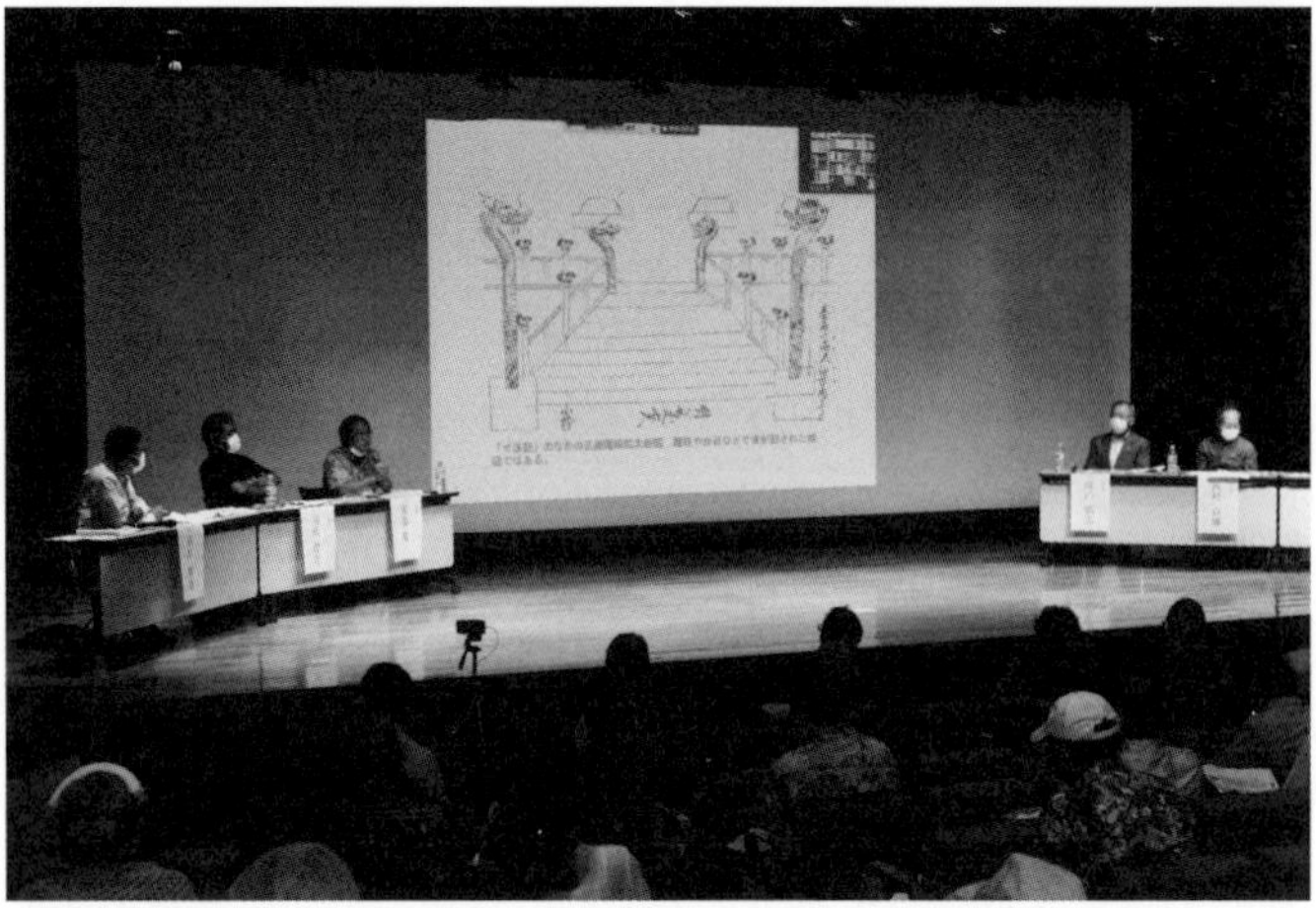

「首里城再興に関する公開討論会」では大龍柱の向きなどで、沖縄の研究者が見解を闘わせた＝2020年11月22日、那覇市の県立博物館・美術館講堂

前と同じ左右向き合う「相対向き」になることに、待ったをかける動きがある。

その主張は大きく分けて二つ。一つは戦前、正殿が沖縄神社拝殿として修理された時の大龍柱の向きを国が採用したのが「相対向き」だとし、戦勝祈願の場となった正殿の姿を拒否する立場。もう一つは、歴史学の成果で相対が妥当とされている向きに議論の余地があるなら、首里城の「本来の姿」を追求しようという立場だ。いずれにしても大龍柱は、現代の沖縄の人々の主体性を問う象徴となっている。

「正面でも、相対でも、本来の向きが分かればいい。重要なのは沖縄の人が公の場で、しっかりした証拠を持って議論を交わすことだ」。沖縄近現代史家の伊佐眞一さん（69）は話す。

自宅のある首里崎山町内から火災を見ながら、沖縄の人たちがどういう行動を取るか考えた。「近代以降の沖縄の歴史をたどると、苦境に陥ると政府への陳情、請願の繰り返し。自分で困難を克服する力の訓練や蓄積がされていないのが、沖縄の弱点」。火災翌日、玉城デニー知事が政府に早期再建の支援を要請したのを見て、このままではまずいと思った。

「首里城再建は沖縄が自立の力をつけるチャンス」と話す伊佐眞一さん＝2020年11月12日、那覇市首里崎山町

「首里城の再建は県が自分の手で課題に対処し、日本と同等の行政能力を付けるチャンス」。生かさない手はない、と思い、他の研究者と共に「首里城再興研究会」を設立した。

２０２０年11月22日に同研究会が開いた公開討論会では、神奈川大学の後田多敦准教授が、「廃琉置県」前の１８７７年に撮影された、正面向きの大龍柱が写る写真を示した。新しい見解を聞こうと、会場に入りきれないほどの人が押し寄せた。

復元のモデルとなる18世紀以降の大龍柱は正面か相対か。向きを決着するのに「沖縄の人の知恵を集めたい」という。「いちゃんだむのーにーだかさん（ただほど高くつくものはない）。結局日本にお任せになり、自立への力を弱めることになることが怖い」。どぅーたっち＝自立の力を付けるため、学ぶ場を広げようと思っている。

40　復興機運は続くか

臨月に入ると、朱色の首里城正殿が全て見えた。「すごいものができた、と感動した」。新崎幸子さん（71）＝那覇市首里当蔵町＝は1992月10月、息をのんだ。当時の家は近くの団地9階。公開されていなかった復元現場を望める〝特等席〟だった。

夏、正殿を雨風から守りながら建てるための仮覆い・素屋根が外され始めた。おなかの胎動と、徐々に現れた正殿の記憶がリンクしている。長男の産声が上がるのと、正殿の一般公開も同じ11月だった。

家族と城の節目を重ねて見ていたからか。首里城火災から1年が過ぎた今は悲しみよりも

1992年7月、素屋根の壁などが取り払われ、足場の中に見えた正殿。国の技術検討委員長、高良倉吉さんは、今回の再建では「見学客の動線をどう巡らせるか」と、建築中も作業が見えるように早い段階から検討が始まったとしている

「また建てているところが見える」と楽しみにしている。

◇　◇　◇

92年の復元と違い、2026年を目指す正殿再建の現場は見学できる。国や県の「見せる再建」だ。よみがえらせてほしいと願う全国、世界からの寄付が1年間で50億円を超えたほどの大きな思いを復興につなごうと試みている。

好奇心に応え切れていない現状もある。正殿跡のプレハブ小屋の窓から、中にある世界遺産の地下遺構を撮影していた東京都の女性（49）は歴史好き。「どの部分がより古いか、見るだけでは分からず、案内ア

「見せる再建」が進む首里城正殿跡の一帯と、見学客たち＝2020年12月14日、那覇市・首里城公園

プリは使い慣れない。研究の成果を聞きながら復興を見守りたい」。警備員に質問する客も少なくない。

「なんとなく見て終わり、では、もったいない」と沖縄観光コンベンションビューロー会長の下地芳郎さん（63）は話す。「ガイドを置くなど発信力を高め、関心を手繰り寄せるのは基本的に県の役割」とする。県立博物館・美術館の館長、田名真之さん（70）は、歴史の見せ方をよく考えることが周辺整備にもつながると言う。

一例は琉球王国時代、王の世継ぎが住んだ中城御殿跡（首里大中町）の整備の在り方だ。県は2020年12月15日、防災面などから首里城収蔵品の一部移転先と定めた。

数多い王国時代の文物から何を選び、どう展示し、収めるか。所有者の沖縄美ら島財団にも管理・運営している首里城に置きたい逸品があるはず、と見る田名さんは「県が話し合いを主導してビジョンをまとめ、設計に反映することが大切」と提言する。県のプロデュース力が問われている。

◇　◇　◇

なぜ、若い人まで首里城火災に泣いたか。1年が過ぎた今、県立芸術大学の大学院2年、下地彩香さん（27）＝北中城村＝は分かる気がしている。

最初に首里城を訪れたのは小学校の遠足。印象は薄い。次は高校卒業の時だ。進学で沖縄を離れる女友達が城に行ったことがないというので、二人で向かった。土地勘がなく、バス停を降り間違えたことにも気付かなかった。遠いね、とおしゃべりしながら約3キロ、風情漂う首里の坂も上って正殿へ。いいな、と初めて感じた。車の免許を取ると友人と、気が晴れない時は一人で立ち寄った。

「知らず知らずのうちに気持ちが降り積もった城」と感じる。さほど関心がない友人もいる。

10歳から稽古を重ねる歌三線で「私は故郷の文化を生んだ城だと思うので、興味を持ってもらうきっかけになれたら」と控えめに話す。

◇　◇　◇

「お水取り」へ古里の泉「澤泜樋川」を洗い清める玉城弘さん。石積みは浦添市教育委員会などの助言を受けながら、息子3人と一緒に組み直した＝2020年12月19日、浦添市沢泜

琉球王国時代から現在まで。王から庶民まで。歴史の光と影を物語る城へ、人の思いをつなぐ試みは、県がまとめた2020〜31年度のビジョン「首里城復興基本計画」でも優先度は高い。どう取り組むか。地域を見渡せばヒントがある。

2020年12月19日、浦添市の玉城弘さん（78）は、地元の泉「澤《たく》泜《し》樋《ひー》川《じゃー》」を洗い清めた。王国時代の新年、王の長寿を願う「若水」となったことを伝える行事「「お水取り」の準備だ。２カ所の水を混ぜて若水とする。一つは王家と縁深く、今も伝統が残る国頭村辺戸。もう一つ、年ごとに割り当てられていた各地の「庶民の水」は澤岻樋川を除き、沖縄戦で絶えた―と玉城さんは言う。

澤岻樋川も戦禍で石積みが崩れ、水は濁った。建築業を営んでいた１９９０年代後半から５年かけて息子３人と一緒に組み直し、清らかさを取り戻した。古里の田んぼを潤し、母親たちが拝んだ泉への愛着をにじませながら「今年も皆を代表して首里城再建を願う。地元の人たちが城へ目を向ける機会になると一番うれしい」とほほ笑んだ。

２０２６年を目指す正殿再建へ「うちなーむん」の職人を育て、柱や梁となる木を切り、瓦を焼き…。今を生きる人々の思いを少しずつ上乗せして、首里城は築かれていく。改めて、沖縄の象徴になるまで。

年表

14世紀後半〜15世紀　このころから沖縄各地にグスクが現れる。首里城など大型グスク登場

1406年　思紹《ししょう》、尚巴志《しょうはし》父子が中山王武寧《ぶねい》を討ち、思紹が中山王に即位する（第一尚氏王統始まる）

1416年　中山が北山（山北）を滅ぼす

1429年　中山が南山（山南）を滅ぼし三山統一

1453年　志魯《しろ》・布里《ふり》の乱で首里城が焼失したとされる

1458年　護佐丸・阿麻和利の乱。首里城内に万国津梁の鐘がかけられる

1470年　金丸が王位に就き尚円と名のる（第二尚氏王統始まる）

1501年　玉陵造営

1509年　首里城正殿前の欄干に銘文（百浦添欄干之銘）刻まれる

1609年　島津氏が琉球侵入。尚寧《しょうねい》王が薩摩に連行される

1634年　江戸幕府へ謝恩使を派遣

1637年　宮古・八重山に初めて人頭税が課されたといわれる

1650年　羽地《はねじ》朝秀《ちょうしゅう》が「中山世鑑《ちゅうざんせいかん》」を著す

1697年　蔡鐸《さいたく》が「中山世譜《ちゅうざんせいふ》」を編集

1709年　首里城正殿と北殿が火災で焼失
1712年　首里城再建工事開始（1715年完了）
1719年　冊封使の徐葆光《じょほこう》が来琉。首里城内の冊封の宴で玉城朝薫《たまぐすくちょうくん》の組踊上演
1771年　明和（乾隆）の大津波発生。宮古・八重山で死者1万2千人余
1797年　英国船プロビデンス号が多良間島沖で難破
1811年　首里城正殿の大規模修理（重修）
1816年　英国の軍艦ライラ号（バジル・ホール艦長）、アルセスト号来航
1846年　英国の宣教師ベッテルハイムが来琉（1854年まで滞在）。首里城正殿を重修
1853年　米国海軍のペリー提督来航。首里城に入城を強行
1854年　ロシアのプチャーチン来航。米国水兵殺害事件（ボード事件）起こる。琉米修好条約調印
1866年　最後の冊封使、趙新が来琉
1868年　明治維新
1872年　維新慶賀使が上京し、明治天皇が尚泰《しょうたい》を「藩王」として冊封する
1874年　日本陸軍が琉球の遭難民が殺害された牡丹社事件(1871年)の報復として台湾出兵を強行。
　大久保利通が「琉球藩処分着手の儀」を提議
1879年　琉球処分官の松田道之が来琉し尚泰に廃琉置県を通達する。尚泰が首里城を明け渡し東京移住。
　熊本鎮台沖縄分遣隊が首里城に駐屯
1892年　宮古島で人頭税廃止運動。首里士族らが八重山に移住し開墾始める

1894年　日清戦争
1896年　熊本鎮台沖縄分遣隊が撤退
1911年　首里城下《しちゃ》之《の》御庭《うなー》に首里尋常高等小学校（のちの第一国民学校）完成
1923年　首里市が首里城正殿解体を決議。伊東忠太、鎌倉芳太郎、文部省に保存を訴え
1928〜1933年　首里城正殿修理
1929年　首里城正殿が国宝に
1936年　首里城内北殿に郷土博物館開館
1944年　10・10空襲。首里城地下に旧日本軍第32軍司令部壕が掘られる
1945年3月中旬　沖縄師範学校男子部が掘った「留魂壕」が完成
　3月26日　米軍が沖縄に上陸
　5月27日　第32軍司令部が南部に撤退
　米軍が沖縄を占領。以降、米軍による事件・事故多発
1950年　琉球大学開学。沖縄、奄美、宮古、八重山の4群島政府発足
1952年　琉球政府発足。対日講和条約、日米安保条約発効し沖縄と奄美が正式に米施政権下におかれる
1953年　土地収用令が公布され、米軍が沖縄住民の土地を強制接収
1958年　守礼門復元
1960年　沖縄県祖国復帰協議会結成
1972年　日本復帰

１９７５年　沖縄国際海洋博覧会
１９８９年　首里城正殿起工式
１９９２年　首里城復元、首里城公園開園
１９９３年　ＮＨＫ大河ドラマ「琉球の風」放映開始
１９９５年　米兵による暴行事件。米軍基地負担軽減策の検討が始まる
１９９６年　米軍基地の整理・縮小などの賛否を問う県民投票で、有効投票の８９％が整理・縮小に賛成
２０００年　九州・沖縄サミット開催。「琉球王国のグスク及び関連遺産群」が世界遺産に登録
２００１年　ＮＨＫ連続テレビ小説「ちゅらさん」放映開始。米同時多発テロ
２００５年　辺野古新基地で日米政府が合意した案に稲嶺知事が反対を表明
２０１３年　オスプレイ配備撤回と普天間飛行場の閉鎖・撤去、県内移設断念を求める東京行動。仲井真弘多知事が辺野古移設に向けた埋め立て申請を承認
２０１４年　辺野古新基地着工。辺野古移設に反対する翁長雄志氏が県知事選で当選
２０１７年　辺野古埋め立て開始
２０１８年　翁長知事死去
２０１９年　辺野古埋め立ての賛否を問う県民投票で「反対」が投票総数の７１・７％を占める。首里城火災で正殿など主要な建物焼失
２０２０年　新型コロナウイルス感染症が流行。首里城正殿の再建が２０２６年と決まる

沖縄タイムス首里城取材班

城間有　2,6,8,9,12,18,19,20,26,27,28,29,34,35,38,39,40
堀川幸太郎　1,3,4,5,6,7,10,11,12,13,14,15,16,17,21,22,23,24,25,33,34,36,37,40
又吉嘉例　30
松田興平　31
知念豊　32

首里城 象徴になるまで

2021年10月31日 初版第1刷発行

著者 沖縄タイムス首里城取材班
発行者 武富和彦
発行所 沖縄タイムス社
〒900-8678 沖縄県那覇市久茂地2-2-2
電話 098-860-3591（出版コンテンツ部）
印刷所 株式会社ヒラヤマ